Gedichte zur Weihnacht

# Gedichte zur Weihnacht

Herausgegeben von
Stephan Koranyi und Gabriele Seifert

Philipp Reclam jun. Stuttgart

Alle Rechte vorbehalten
© 2009 Philipp Reclam jun. GmbH & Co. KG, Stuttgart
Einbandgestaltung: Finken & Bumiller, Stuttgart
Satz und Druck: Reclam, Ditzingen
Buchbinderische Verarbeitung: Kösel, Krugzell
Printed in Germany 2010
RECLAM ist eine eingetragene Marke
der Philipp Reclam jun. GmbH & Co. KG, Stuttgart
ISBN 978-3-15-010719-5

www.reclam.de

# Inhalt

## Oh, süßer Weihnachtsvorgeschmack

## Von drauß' vom Walde komm ich her

## Friedvolles Hasten weit und breit

## Weihnachten – wie es wirklich war

# Gesegnet sei die heilige Nacht

## Still erleuchtet jedes Haus

# Gleich hinter Weihnachten

17

# Oh, süßer Weihnachtsvorgeschmack

## Noch ist Herbst nicht ganz entflohn

Noch ist Herbst nicht ganz entflohn,
Aber als Knecht Ruprecht schon
Kommt der Winter hergeschritten,
Und alsbald aus Schnee'es Mitten
Klingt des Schlittenglöckleins Ton.

Und was jüngst noch, fern und nah,
Bunt auf uns herniedersah,
Weiß sind Türme, Dächer, Zweige,
Und das Jahr geht auf die Neige,
Und das schönste Fest ist da.

Tag du der Geburt des Herrn,
Heute bist du uns noch fern,
Aber Tannen, Engel, Fahnen
Lassen uns den Tag schon ahnen,
Und wir sehen schon den Stern.

## Advent

Es treibt der Wind im Winterwalde
die Flockenherde wie ein Hirt,
und manche Tanne ahnt, wie balde
sie fromm und lichterheilig wird;
und lauscht hinaus. Den weißen Wegen
streckt sie die Zweige hin – bereit,
und wehrt dem Wind und wächst entgegen
der einen Nacht der Herrlichkeit.

THEODOR STORM

## Weihnachtslied

Vom Himmel in die tiefsten Klüfte
Ein milder Stern herniederlacht;
Vom Tannenwalde steigen Düfte
Und hauchen durch die Winterlüfte,
Und kerzenhelle wird die Nacht.

Mir ist das Herz so froh erschrocken,
Das ist die liebe Weihnachtszeit!
Ich höre ferner Kirchenglocken
Mich lieblich heimatlich verlocken
In märchenstille Herrlichkeit.

Ein frommer Zauber hält mich wieder,
Anbetend, staunend muss ich stehn;
Es sinkt auf meine Augenlider
Ein goldner Kindertraum hernieder,
Ich fühl's, ein Wunder ist geschehn.


CHRISTINE BUSTA


## Kleine Dezemberelegie

Seltsamster Freudenmonat im Dickicht
zwischen Erwartung, Enttäuschung, Versagung
meiner Kinderjahre, durch die manchmal
noch ein bimmelnder Pferdeschlitten fuhr.

Dezember, geheimnisvolle Palette
aus Gerüchen, Farben, verwehenden Tönen:
Bratäpfel, heiße Maroni, Nebel,
Wachs und Weihrauch, bitteres Harz.

Morgenschneelicht, irisierender
Kaufbudenflitter und dahinter
das Graugemisch der Hinterhöfe,
die Hungerblässe in ungeheizten
Zimmern und die sternenlose Schwärze
einer fieberdumpfen Heiligen Nacht,
in der unüberhörbar mit dünner Stimme
eine ferne Glocke zu singen begann.

CARL ZUCKMAYER

## Weihnachtslied

Frost klirre Glas!
Eisblumen blühn.
Rauhreif im welken Gras
Sprüht feurig Grün.

Fuchs, Has' und Reh
Hüllt warm das Winterfell.
Bald fällt ein Schnee
Und macht die Nächte hell –

Wiesel wird Hermelin.
Dompfaff ans Fenster pickt.
Herr, mach auch ihn
Warm wie von Woll' umstrickt.

Laut unser Weihnachtswunsch
Beim roten Toddyglas:
Schenk jedem Bettler Punsch
Und jedem Vogel Fraß!

Viel Brüder schweifen weit
In deiner Nacht verirrt.
Schaff uns die Zeit,
Wo jedem Heimat wird.

Schick uns die Not,
Eh' unser Herz erschlafft.

Gib täglich Brot
Jedem, der sich's erschafft.

Schür uns die Freud'!
Hell brennt die Sonn' ins Feld!
All sind wir reiche Leut'
Auch ohne Geld!

Hilf, daß der rechte Mann
Die rechte Frau sich find',
Und segne beiden dann
Ein Krippenkind.

JAMES KRÜSS

Frieda, die Letzte

Will das müde Jahr sich neigen,
Und der Winter kommt ins Land,
Fallen Blätter von den Zweigen
Und die Fliegen von der Wand.

Aber unter einer Stiege,
Wo es warm ist, gibt es meist
Eine allerletzte Fliege,
Die gewöhnlich Frieda heißt.

Plötzlich hört man in der Diele
Fein und ferne ihr Gesumm.
Und mit freundlichem Gefühle
Dreht sich jeder nach ihr um.

Was im Sommer alle Leute
Rasend machte, nämlich dies
Fliegensummen: Es klingt heute
Wie ein Ton vom Paradies.

Vater, Tochter, Sohn und Mutter
Halten bei der Frieda still.
Im Gelee und in der Butter
Darf sie schleckern, wie sie will.

Selbst beim Weihnachtsfest – man denke –
Liegen wie ein süßer Traum
Klitzekleine Festgeschenke
Für die Frieda unterm Baum.

Nuß- und Schokoladenschnitzel,
Krumen mit Rosinen drin,
Hier ein Bitzel, da ein Bitzel,
Legt man für die Frieda hin.

Daß die Frieda sich tatsächlich
Bei den Gaben niederläßt,
Wenn auch flink und oberflächlich,
Ist der Höhepunkt vom Fest.

Die Familie ruft: Wie reizend,
Als die Frieda Rotwein säuft

Und – die Fliegenflügel spreizend –
Über die Rosinen läuft.

Diese Frieda, liebe Kinder,
Diese Fliege hat es fein!
Darum möcht auch ich im Winter
Mal die letzte Fliege sein!


HEINRICH HEINE


Draußen ziehen weiße Flocken
Durch die Nacht, der Sturm ist laut;
Hier im Stübchen ist es trocken,
Warm und einsam stillvertraut.

Sinnend sitz ich auf dem Sessel,
An dem knisternden Kamin,
Kochend summt der Wasserkessel
Längstverklungne Melodien.

Und ein Kätzchen sitzt darneben,
Wärmt die Pfötchen an der Glut;
Und die Flammen schweben, weben,
Wundersam wird mir zumut.

Dämmernd kommt heraufgestiegen
Manche längstvergessne Zeit,
Wie mit bunten Maskenzügen,
Und verblichner Herrlichkeit.

Schöne Frauen lächeln freundlich,
Winken süßgeheimnisvoll,
Und dazwischen springen feindlich
Harlekine, lustigtoll.

Ferne grüßen Marmorgötter,
Traumhaft neben ihnen stehn
Märchenblumen, deren Blätter
In dem Mondenlichte wehn.

Wackelnd kommt herbeigeschwommen
Manches alte Zauberschloss;
Hintendrein geritten kommen
Blanke Ritter, Knappentross.

Und das alles zieht vorüber,
Schattenhastig, übereilt –
Ach! da kocht der Kessel über,
Und das nasse Kätzchen heult.


FRED ENDRIKAT


## Der Wald schläft

Friedlich schläft der Winterwald.
Rauhreif glitzert auf den Fichten.
Märchen werden zur Gestalt,
und es leben Spukgeschichten.

Ruprecht steigt herab ins Tal.
Unter tiefverschneiten Tännchen
stapft der alte Rübezahl,
trippeln kleine Wichtelmännchen.

Brombeerstrauch und Seidelbast
schlummern an der Haselhecke.
Eichkatz träumt auf einem Ast
unter weißer Daunendecke.

Buchen ragen stark und alt
aus dem Schnee wie Patriarchen.
Friedlich schläft der Winterwald,
und man hört die Bäume schnarchen.

JOACHIM RINGELNATZ

Vorfreude auf Weihnachten

Ein Kind – von einem Schiefertafel-Schwämmchen
Umhüpft – rennt froh durch mein Gemüt.

Bald ist es Weihnacht! – Wenn der Christbaum blüht,
Dann blüht er Flämmchen.
Und Flämmchen heizen. Und die Wärme stimmt
Uns mild. – Es werden Lieder, Düfte fächeln. –

Wer nicht mehr Flämmchen hat, wem nur noch
                                    Fünkchen glimmt,
Wird dann noch gütig lächeln.

Wenn wir im Traume eines ewigen Traumes
Alle unfeindlich sind – einmal im Jahr! –
Uns alle Kinder fühlen eines Baumes.

Wie es sein soll, wie's allen einmal war.


JOSEF GUGGENMOS


## Am 4. Dezember

Geh in den Garten
am Barbaratag.
Gehe zum kahlen
Kirschbaum und sag:

Kurz ist der Tag,
grau ist die Zeit.
Der Winter beginnt,
der Frühling ist weit.

Doch in drei Wochen,
da wird es geschehn:
Wir feiern ein Fest,
wie der Frühling so schön.

Baum, einen Zweig
gib du mir von dir.
Ist er auch kahl,
ich nehm ihn mit mir.

Und er wird blühen
in seliger Pracht
mitten im Winter
in der heiligen Nacht.


HEINRICH DETERING

## Advent

nun komm mach schnell
die Tür mach weit
es wird schon hell
es wird bald Zeit

es geht der Wind

und wo wir sind
sind Türen
nun komm schon Kind
wir frieren.

## Advent

Alles ist weicher:
Schritte, Worte und Lichter.
Immer mehr fremde Gesichter
schimmern jünger und rein.

Alles wird wärmer:
Hände und Herzen und Augen.
Manch verirrtes Vertrauen
findet noch einmal heim.

All unsre Zartheit
sucht zum einsamen Andern.
Aller Gedanken, die wandern,
sind bereit, zu verzeihn.

All unser Sehnen
bittet um Frieden zum Feste.
Bauet ihm nicht nur Paläste –
schenkt ihm sein Heim!

## Winternacht

Es war einmal eine Glocke,
die machte baum, baum ..
Und es war einmal eine Flocke,
die fiel dazu wie im Traum ..

Die fiel dazu wie im Traum ..
Die sank so leis hernieder,
wie ein Stück Engleingefieder
aus dem silbernen Sternenraum.

Es war einmal eine Glocke,
die machte baum, baum ..
Und dazu fiel eine Flocke,
so leis als wie ein Traum ..

So leis als wie ein Traum ..
Und als vieltausend gefallen leis,
da war die ganze Erde weiß,
als wie von Engleinflaum.

Da war die ganze Erde weiß,
als wie von Engleinflaum.

EUGEN ROTH

## Vor Weihnachten

Oh, süßer Weihnachtsvorgeschmack:
Mit einem neuen Bücherpack,
Der mich zu toller Neugier reizt,
Komm ich nach Haus und mache Licht.
Eisblume sich am Fenster spreizt.
Bald glüht und sprüht mit Knick und Knack
Der Ofen, tüchtig eingeheizt.
Nur her mit Pfeife und Tabak!
Wie lieblich mir's die Nase beizt ...
Gar noch Kaffee? Nur nicht gegeizt:
So heimlich war's seit Jahren nicht!
Aufs alte Sofa ich mich flack
Und schmökre erst in Schnick und Schnack –
Doch bald versink ich im Gedicht,
Indes mit Jagdruf, Wind und Wicht
Die wilde Rauhnacht draußen weizt.

JOCHEN ARLT

## Vierter Advent

Froststarre
Hauchwölkchen

Spaziergang im weiß bereiften
Phlegma der Feldwege

Hasenspuren

Auf dem Rückweg
riechts Unter- und Oberdorf
wie eine Weihnachtsbäckerei

Kindliche Vorfreude
Beinahe-Unschuld

Als gäbe es
momentan
nichts anderes
auf der Welt

Es gibt so wunderweiße Nächte,
drin alle Dinge Silber sind.
Da schimmert mancher Stern so lind,
als ob er fromme Hirten brächte
zu einem neuen Jesuskind.

Weit wie mit dichtem Demantstaube
bestreut, erscheinen Flur und Flut,
und in die Herzen, traumgemut,
steigt ein kapellenloser Glaube,
der leise seine Wunder tut.

UWE TIMM

## Mitten im kalten Winter

wenn die langen Samstage kommen
wenn alle Wirtschaftszweige aufblühen
wenn die Arbeitsämter Weihnachtsmänner vermitteln
wenn allen Präsidenten der Friede am Herzen liegt
wenn zur inneren Einkehr durch Lautsprecher
                              aufgerufen wird
wenn der Stern von Bethlehem über den Geschäften
                              leuchtet
dann endlich
steht das Christkind vor der Tür

## Wann fängt Weihnachten an?

Wenn der Schwache
dem Starken die Schwäche vergibt,
wenn der Starke
die Kräfte des Schwachen liebt,
wenn der Habewas
mit dem Habenichts teilt,
wenn der Laute
bei dem Stummen verweilt
und begreift,
was der Stumme ihm sagen will,
wenn das Leise
laut wird
und das Laute
still,
wenn das Bedeutungsvolle
bedeutungslos,
das scheinbar Unwichtige
wichtig und groß,
wenn mitten im Dunkel
ein winziges Licht
Geborgenheit,
helles Leben verspricht,
und du zögerst nicht,
sondern du
gehst
so wie du bist
darauf zu,

dann,
ja, dann
fängt Weihnachten an.


RUDOLF OTTO WIEMER


## Advent

Holt den Sohn vom Bahnhof ab.
Er kommt.
Man weiß nicht genau, mit welchem Zug,
aber die Ankunft
ist gemeldet.
Es wäre gut, wenn jemand
dort auf und ab ginge.
Sonst verpassen wir ihn.
Denn er kommt
nur einmal.

# Von drauß' vom Walde komm ich her

AUGUST HEINRICH HOFFMANN
VON FALLERSLEBEN

## Weihnachten

Zwar ist das Jahr an Festen reich,
Doch ist kein Fest dem Feste gleich,
Worauf wir Kinder Jahr aus Jahr ein
Stets harren in süßer Lust und Pein.

O schöne, herrliche Weihnachtszeit,
Was bringst du Lust und Fröhlichkeit!
Wenn der heilige Christ in jedem Haus
Teilt seine lieben Gaben aus.

Und ist das Häuschen noch so klein,
So kommt der heilige Christ hinein,
Und Alle sind ihm lieb wie die Seinen,
Die Armen und Reichen, die Großen und Kleinen.

Der heilige Christ an Alle denkt,
Ein Jedes wird von ihm beschenkt.
Drum lasst uns freun und dankbar sein!
Er denkt auch unser, mein und dein.

## Weihnachtslied

Seht! der jetzt hier vor euch steht,
Ist ein Engel aus dem Himmel,
Von den Sternen hergeweht,
Ach, ins irdische Gewimmel.

Manches hab ich angeschaut,
Ganz zuletzt die Weihnachtsbäume,
Und darunter aufgebaut
Tausend wachgewordne Träume.

Mit Knecht Ruprecht ging ich viel
Vor den schönen Christkindtagen,
Immer neu war unser Ziel,
Seinen Rucksack half ich tragen.

Unsrer Gaben Fülle lag
Fest verschlossen in Verstecken,
Dass nicht vor dem Jesustag
Naseweischen sie entdecken.

Ein Klein-Lottchen konnt ich sehn,
Mit dem Brüderchen, dem Fritzen,
Suchten emsig auf den Zehn
Schlüsselloch und Türenritzen.

Kinder, ward der alte Mann
Böse, zeigte schon die Rute!

Doch ich tat ihn in den Bann,
Bis ihm wieder lieb zu Mute.

Und nun trägt vom hellen Baum
Jeder seinen Schatz in Händen,
Und er lässt sich selbst im Traum
Die Geschenke nicht entwenden.

Ganz besonders diesmal fand
Märchenbuch ich und Geschichten,
Denn ich kam in jenes Land,
Wo die Menschen alle dichten.

Bleibt ihr artig, kleine Schar,
Wird Knecht Ruprecht an euch denken,
Bringt euch auch im nächsten Jahr
Einen Sack voll von Geschenken.

Und dann steht ihr wie im Traum.
Und von neuem seht ihr wieder
Kerzenglanz und Tannenbaum
Und hört alte Weihnachtslieder.

ANNA RITTER

## Vom Christkind

Denkt euch – ich habe das Christkind gesehn!
Es kam aus dem Walde, das Mützchen voll Schnee,
mit gefrorenem Näschen.
Die kleinen Hände taten ihm weh;
denn es trug einen Sack, der war gar schwer,
schleppte und polterte hinter ihm her –
Was drin war, möchtet ihr wissen?
Ihr Naseweise, ihr Schelmenpack –
meint ihr, er wäre offen, der Sack?
Zugebunden bis oben hin!
Doch war gewiss was Schönes drin:
es roch so nach Äpfeln und Nüssen!

KARL HENCKELL

## Alter Berliner Weihnachtsmarkt

Lass die Glocke läuten vom Dome,
Keiner hört es im Menschenstrome.
Christmarkt, Waldteufel, Trompeten, juchhei!
Wenig Wolle und viel Geschrei.
Alles besehen, wenig erstehen,
Nur zum Pläsier mal darüber gehen,

Eine Bassgeige sich kaufen wollen,
Mit einer Knarre nach Hause sich trollen, –
Für einen Sechser Schmalzkuchen schmecken,
Mumpitz machen an allen Ecken –
Mag auch der Regen vom Himmel fließen,
Das muss der wahre Berliner genießen,
Schuster und Schneider, Jüngling und Mann,
Jeder, der es sich leisten kann.


SARAH KIRSCH

## Punschverkäuferinnen

Ein kalter eisglitzernder Abend und
Hundert Krähen und Dohlen
Über den Himmel geblasen der
Lichtergeschmückten Kleinstadt
Von deren angestrahltem Kirchturm
Choräle ausgesandt werden.

Der Schnee sinkt zitternd aus den
Tiefen aufgerissenen Wolken
Eiswind küßt die Laternen die scheuen
Jungfraun darunter erstmals geschminkte
Schulmädchen die sichs
Weihnachtsgeld fröhlich verdienen.

Die letzten Karusselle fliegen man trinkt
Glühpunsch an jeder Ecke. Dunkelblau
Geht dann die Nacht auf. Es streben
Eilige Schritte über den Marktplatz
Und schiefgetretene Schuhe bevor die
Licht verlöschen hierhin und dorthin.

FRIEDRICH SCHILLER

Punschlied

Vier Elemente,
Innig gesellt,
Bilden das Leben,
Bauen die Welt.

Presst der Zitrone
Saftigen Stern,
Herb ist des Lebens
Innerster Kern.

Jetzt mit des Zuckers
Linderndem Saft
Zähmet die herbe
Brennende Kraft,

Gießet des Wassers
Sprudelnden Schwall,

Wasser umfänget
Ruhig das All.

Tropfen des Geistes
Gießet hinein,
Leben dem Leben
Gibt er allein.

Eh es verdüftet,
Schöpfet es schnell,
Nur wenn er glühet,
Labet der Quell.


PAULA DEHMEL


Weihnachtsschnee

Ihr Kinder, sperrt die Näschen auf,
Es riecht nach Weihnachtstorten;
Knecht Ruprecht steht am Himmelsherd
Und bäckt die feinsten Sorten.

Ihr Kinder, sperrt die Augen auf,
Sonst nehmt den Operngucker:
Die große Himmelsbüchse, seht,
Tut Ruprecht ganz voll Zucker.

Er streut – die Kuchen sind schon voll –
Er streut – na, das wird munter:
Er schüttelt die Büchse und streut und streut
Den ganzen Zucker runter.

Ihr Kinder, sperrt die Mäulchen auf,
Schnell! Zucker schneit es heute;
Fangt auf, holt Schüsseln – ihr glaubt es nicht?
Ihr seid ungläubige Leute!


EMILY UND FRITZ KÖGEL


## Der Bratapfel

Kinder, kommt und ratet,
Was im Ofen bratet!
Hört, wies knallt und zischt!
Bald wird er aufgetischt
Der Zipfel, der Zapfel,
Der Kipfel, der Kapfel,
Der gelbrote Apfel.

Kinder, lauft schneller;
Holt einen Teller,
Holt eine Gabel!
Sperrt auf den Schnabel
Für den Zipfel, den Zapfel,
Den Kipfel, den Kapfel,
Den goldbraunen Apfel.

Sie pusten und prusten,
Sie gucken und schlucken,
Sie schnalzen und schmecken,
Sie lecken und schlecken
Den Zipfel, den Zapfel,
Den Kipfel, den Kapfel,
Den knusprigen Apfel.


J. P. RICHTER


Geschichte eines Pfefferkuchenmannes

Es war einmal ein Pfefferkuchenmann,
von Wuchs groß und mächtig,
und was seinen innern Wert betraf,
so sagte der Bäcker: »Prächtig.«

Auf dieses glänzende Zeugnis hin
erstand ihn der Onkel Heller
und stellte ihn seinem Patenkind,
dem Fritz, auf den Weihnachtsteller.

Doch kaum war mit dem Pfefferkuchenmann
der Fritz ins Gespräch gekommen,
da hatte er schon – aus Höflichkeit –
die Mütze ihm abgenommen.

Als schlafen ging der Pfefferkuchenmann,
da bog er sich krumm vor Schmerze:
an der linken Seite fehlte fast ganz
sein stolzes Rosinenherze!

Als Fritz tags drauf den Pfefferkuchenmann
besuchte, ganz früh und alleine,
da fehlten, o Schreck, dem armen Kerl
ein Arm und schon beide Beine!

Und wo einst saß am Pfefferkuchenmann
die mächt'ge Habichtsnase,
da war ein Loch! Und er weinte still
eine bräunliche Sirupblase.

Von nun an nahm der Pfefferkuchenmann
ein reißendes, schreckliches Ende:
Das letzte Stückchen kam schließlich durch Tausch
in Schwester Margretchens Hände.

Die kochte als sorgliche Hausfrau draus
für ihre hungrige Puppe
auf ihrem neuen Spiritusherd
eine kräftige, leckere Suppe.

Und das geschah dem Pfefferkuchenmann,
den einst so viele bewundert
in seiner Schönheit bei Bäcker Schmidt,
im Jahre neunzehnhundert.

## Frankfurter Brenten

Mandeln erstlich, rat ich dir,
Nimm drei Pfunde, besser vier
(Im Verhältnis nach Belieben);
Diese werden nun gestoßen
Und mit ordinärem Rosen-
Wasser feinstens abgerieben.
Je aufs Pfund Mandeln akkurat
Drei Vierling Zucker ohne Gnad.
Denselben in den Mörsel bring,
Hierauf ihn durch ein Haarsieb schwing!
Von deinen irdenen Gefäßen
Sollst du mir dann ein Ding erlesen –
Was man sonst eine Kachel nennt;
Doch sei sie neu zu diesem End!
Drein füllen wir den ganzen Plunder
Und legen frische Kohlen unter.
Jetzt rühr und rühr ohn Unterlass,
Bis sich verdicken will die Mass,
Und rührst du eine Stunde voll:
Am eingetauchten Finger soll
Das Kleinste nicht mehr hängen bleiben;
So lange müssen wir es treiben.
Nun aber bringe das Gebrodel
In eine Schüssel (der Poet,
Weil ihm der Reim vor allem geht,
Will schlechterdings hier einen Model,
Indes der Koch auf ersterer besteht)!

Darinne drücks zusammen gut;
Und hat es über Nacht geruht,
Sollst dus durchkneten Stück für Stück,
Auswellen messerrückendick
(Je weniger Mehl du streuest ein,
Um desto besser wird es sein).
Alsdann in Formen seis geprägt,
Wie man bei Weingebacknem pflegt;
Zuletzt – das wird der Sache frommen,
Den Bäcker scharf in Pflicht genommen,
Dass sie schön gelb vom Ofen kommen!


ARNO HOLZ


## Auf einem Berg aus Zuckerkant

Auf einem Berg aus Zuckerkant,
unter einem blühenden Machandelbaum,
blinkt mein Pfefferkuchenhäuschen.

Seine Fenterchen sind aus Goldpapier,
aus seinem Schornstein raucht Watte.

Im grünen Himmel, über mir, rauscht die
Weihnachtstanne.

In meinem See aus Staniol
spiegeln sich alle ihre Engel, alle ihre Lichter!

Die kleinen Kinder stehn rum
und staunen mich an.

Ich bin der Zwerg Turlitipu.

Mein dicker Bauch ist aus Traganth,
meine Beinchen Streichhölzer,
meine listigen Äugelchen
Korinthen.


ALBERT SERGEL


Nüsseknacken

Holler, boller, Rumpelsack,
Niklas trug sie huckepack,
Weihnachtsnüsse gelb und braun,
runzlig, punzlig anzuschaun.

Knackt die Schale, springt der Kern:
Weihnachtsnüsse ess ich gern.
Komm bald wieder in mein Haus,
alter, guter Nikolaus!

AUGUST HEINRICH HOFFMANN
VON FALLERSLEBEN

## Nussknacker

Nussknacker, du machst ein grimmig Gesicht –
Ich aber, ich fürchte vor dir mich nicht:
Ich weiß, du meinst es gut mit mir,
Drum bring ich meine Nüsse dir.
Ich weiß, du bist ein Meister im Knacken:
Du kannst mit deinen dicken Backen
Gar hübsch die harten Nüsse packen
Und weißt sie vortrefflich aufzuknacken.
Nussknacker, drum bitt ich dich, bitt ich dich,
Hast bessere Zähn als ich, Zähn als ich.
O knacke nur, knacke nur immerzu!
Ich will dir zu Ehren
Die Kerne verzehren.
O knacke nur, knack knack knack! immerzu!
Ei, welch ein braver Kerl bist du!

ACHIM VON ARNIM

Vergolde die Nüsse
Sie bleiben doch hart,
Und esse was süße
Und küsse was zart

Und putze das Bäumchen
Und zünde es an,
Schlaf goldene Träumchen,
Du kindischer Mann.
Heut träum dich in Eisen
Und Liebe getaucht
Und lass dir was weisen
Und wie es verraucht,
Und machs nur wie alle
Und sei nur geschickt,
Tritt auf hoch mit Schalle,
Tritt ab tief gebückt.

THEODOR KRAMER

## Das Nüsseklopfen

Wann's still im Winter Abend ward zuhause
und auf dem Herd die milde Lampe schien,
schob manchmal Mutter scherzend nach der Jause
vor uns den Sack mit welschen Nüssen hin.

Wir Buben fingen an, sie aufzuklopfen,
sie brachen unterm Stößel spröd entzwei;
selbst Vater hörte auf Tabak zu stopfen
und ließ zum Werk ein Weilchen sich herbei.

Bedächtig lösten aus den scharfen Scherben
und aus den Scheiden dann wir Kern um Kern,
um nicht die schönen Hälften zu verderben,
und naschten die zerquetschten Stückchen gern.

Wir ließen lang vor uns die Häufchen blinken;
und wuchs der Berg im Weitling hoch und breit,
so roch's nach Beugeln und nach Palatschinken …
dann war's gewöhnlich schon fürs Nachtmahl Zeit.


THEODOR STORM


Knecht Ruprecht

*Ruprecht:*
Habt guten Abend, alt und jung,
Bin allen wohl bekannt genung.
Von drauß' vom Walde komm ich her;
Ich muss euch sagen, es weihnachtet sehr!
Allüberall auf den Tannenspitzen
Sah ich goldene Lichtlein sitzen;
Und droben aus dem Himmelstor
Sah mit großen Augen das Christkind hervor,
Und wie ich so strolcht durch den finstern Tann,
Da rief's mich mit heller Stimme an:
»Knecht Ruprecht«, rief es, »alter Gesell,
Hebe die Beine und spute dich schnell!
Die Kerzen fangen zu brennen an,
Das Himmelstor ist aufgetan,

Alt' und Junge sollen nun
Von der Jagd des Lebens einmal ruhn;
Und morgen flieg ich hinab zur Erden,
Denn es soll wieder Weihnachten werden!
So geh denn rasch von Haus zu Haus,
Such mir die guten Kinder aus,
Damit ich ihrer mag gedenken,
Mit schönen Sachen sie mag beschenken.«
Ich sprach: »O lieber Herre Christ,
Meine Reise fast zu Ende ist;
Ich soll nur noch in diese Stadt,
Wo's eitel gute Kinder hat.«
– »Hast denn das Säcklein auch bei dir?«
Ich sprach: »Das Säcklein, das ist hier;
Denn Äpfel, Nuss und Mandelkern
Fressen fromme Kinder gern.«
– »Hast denn die Rute auch bei dir?«
Ich sprach: »Die Rute, die ist hier;
Doch für die Kinder nur, die schlechten,
Die trifft sie auf den Teil, den rechten.«
Christkindlein sprach: »So ist es recht;
So geh mit Gott, mein treuer Knecht!«
Von drauß' vom Walde komm ich her;
Ich muss euch sagen, es weihnachtet sehr!
Nun sprecht, wie ich's hierinnen find!
Sind's gute Kind, sind's böse Kind?

*Vater:*
Die Kinder sind wohl alle gut,
Haben nur mitunter was trotzigen Mut.

*Ruprecht:*
Ei, ei, für trotz'gen Kindermut
Ist meine lange Rute gut!
Heißt es bei euch denn nicht mitunter:
Nieder den Kopf und die Hosen herunter?

*Vater:*
Wie einer sündigt, so wird er bestraft;
Die Kinder sind schon alle brav.

*Ruprecht:*
Stecken sie die Nas auch tüchtig ins Buch,
Lesen und schreiben und rechnen genug?

*Vater:*
Sie lernen mit ihrer kleinen Kraft,
Wir hoffen zu Gott, dass es endlich schafft.

*Ruprecht:*
Beten sie denn nach altem Brauch
Im Bett ihr Abendsprüchlein auch?

*Vater:*
Neulich hört ich im Kämmerlein
Eine kleine Stimme sprechen allein;
Und als ich an die Tür getreten,
Für alle Lieben hört ich sie beten.

*Ruprecht:*
So nehmet denn Christkindleins Gruß,
Kuchen und Äpfel, Äpfel und Nuss;
Probiert einmal von seinen Gaben,
Morgen sollt ihr was Besseres haben.

Dann kommt mit seinem Kerzenschein
Christkindlein selbst zu euch herein.
Heut hält es noch am Himmel Wacht;
Nun schlafet sanft, habt gute Nacht.


CHRISTIAN FÜRCHTEGOTT GELLERT


## Guter Nikolaus

Guter Nikolaus,
komm in unser Haus,
triffst ein Kindlein an,
das ein Sprüchlein kann
und schön folgen will!
Halte bei uns still,
schütt dein Säcklein aus,
guter Nikolaus!

Ach, du lieber Nikolaus,
komm doch einmal in mein Haus!
Hab so lang an dich gedacht!
Hast mir auch was mitgebracht?

## Sankt Niklas' Auszug

Sankt Niklas zieht den Schlafrock aus,
klopft seine lange Pfeife aus
und sagt zur heiligen Kathrein:
Öl mir die Wasserstiefel ein,
bitte hol auch den Knotenstock
vom Boden und den Fuchspelzrock,
die Mütze lege oben drauf,
und schütte dem Esel tüchtig auf,
halt auch sein Sattelzeug bereit;
wir reisen, es ist Weihnachtszeit.

    Und dass ich's nicht vergess, ein Loch
    ist vorn im Sack, das stopfe noch!
    Ich geh derweil zu Gottes Sohn
    und hol mir meine Instruktion.

Die heilige Käthe, sanft und still,
tut alles, was Sankt Niklas will.
Der klopft indes beim Herrgott an,
Sankt Peter hat ihm aufgetan
und sagt: Grüß Gott! wie schaut's denn aus?
und führt ihn ins himmlische Werkstättenhaus.

Da sitzen die Englein an langen Tischen,
ab und zu Feen dazwischen,
die den kleinsten zeigen, wie's zu machen,
und weben und kleben die niedlichsten Sachen,

hämmern und häkeln, schnitzen und schneidern,
fälteln die Stoffe zu zierlichen Kleidern,
packen die Schachteln, binden sie zu
und haben so glühende Bäckchen wie Du.
Herr Jesus sitzt an seinem Pult
und schreibt mit Liebe und Geduld
eine lange Liste. Potz Element,
wieviel artige Kinder Herr Jesus kennt!
Die sollen die schönen Engelsgaben
zu Weihnachten haben.

Was fertig ist, wird eingesackt
und auf das Eselchen gepackt.
Sankt Niklas zieht sich recht warm an;
Kinder, er ist ein alter Mann,
und es fängt tüchtig an zu schnein,
da muss er schon vorsichtig sein.

So geht es durch Wälder im Schritt,
manch Tannenbäumchen nimmt er mit;
und wo er wandert, bleibt im Schnee
manch Futterkörnchen für Hase und Reh.
Aus Haus und Hütte strahlt es hell,
da hebt er dem Esel den Sack vom Fell,
macht leise alle Türen auf,
jubelnd umdrängt ihn der kleine Hauf:
Sankt Niklas, Sankt Niklas,
was hast du gebracht?
was haben die Englein
für uns gemacht?
»Schön Ding, gut Ding,
aus dem himmlischen Haus;
langt in den Sack! holt euch was raus!«

## Der Weihnachtsmann

Morgen kommt der Weihnachtsmann,
Kommt mit seinen Gaben.
Trommel, Pfeifen und Gewehr,
Fahn und Säbel und noch mehr,
Ja, ein ganzes Kriegesheer
Möcht ich gerne haben!

Bring uns, lieber Weihnachtsmann,
Bring auch morgen, bringe
Musketier und Grenadier,
Zottelbär und Panthertier,
Ross und Esel, Schaf und Stier,
Lauter schöne Dinge!

Doch du weißt ja unsern Wunsch,
Kennst ja unsre Herzen.
Kinder, Vater und Mama,
Auch sogar der Großpapa,
Alle, alle sind wir da,
Warten dein mit Schmerzen.

## Gäbe es keinen Weihnachtsmann mehr

Gäbe es keinen Weihnachtsmann mehr.
Was gäbe es noch?
Die Frage stellt sich erst spät.
Woran Kinder glauben, für dich Trug?
Was macht dich so sicher? Die Jahre?
Zeit ist es, die dir sagt es gibt ihn nicht mehr?
Was hat sich verändert?
Ist alles, was früher Gewißheit war, heute Märchen?
Überleg es dir gut! Überlege vor allem was wäre …
Gäbe es keinen Weihnachtsmann mehr!

F. W. BERNSTEIN

## Weihnachten in der Schule

Hört mal zu!
Auch Du!
Wenn das Jahr zu Ende geht
wird es abends früher spät
alle tragen feste Schuhe
Ruhe!
Weißer Schnee füllt bald die Straßen
Markt und alles ist verlassen

will
Karlchen, sei doch still!
Willig kommt der Weihnachtsmann
hat ein rotes Röckchen an
hell wird jedes Licht
Peter, red jetzt nicht!
Und ein großer Kerzenschein
wollt Ihr endlich ruhig sein!
Hüpfet über Stock und Stein –
Karlchen, Dich sperr ich jetzt ein!
Und zu unsern Lieben
kommt aus Heu und Stroh
Ruhe endlich! Wo
bin ich steh'n geblieben?


ROTRAUT SUSANNE BERNER


Weihnachten von A bis Z

… ach, am Abend Äpfel braten,
backen, basteln, Christbaumschmuck!
Durch die Dämmrung eilen Engel,
Esel, Eisbärn, einsam frierend.

Fette Gänse gackern herdwärts,
heimlich im Innern ist jedermann jung,
jauchzet, jubelt, jongliert Kometen,
knistert, knetet, knabbert Konfekt.

Kinder lassen Lichter leuchten,
lauschen Liedern, lesen lange;
mollige Mädchen mahlen Mandeln,
mischen Mehl mit Marzipan.

Mit Naschwerk nahet nächtens Niklas,
netten Nachbarn, Neffen, Nichten,
Nüsse, Nougat offerierend.
Onkel, Omas, packen Päckchen,

pralle Postgebäude platzen,
Paten plündern Portemonnaies,
pfänden Perlen, Pelz, Paläste –
Quanti-, Quali-, Raritäten!

Rastlos rennen Rauschgoldengel,
Schneemann, Söhne, Schwiegermütter,
Tanten, Tannen und Verwandte,
Väter, Vettern, Weihnachtsmänner.

Wünsche werden wieder wahr,
weiße Weihnacht, X-mas, yeah!
Zwischen zerdrückten Zuckerplätzchen
zuletzt Zweifel, Zahnweh – ach …

# Friedvolles Hasten weit und breit

## Vor Weihnachten

Heimliche Zeit,
wenn es draußen friert und schneit
und der Christ ist nicht mehr weit!

Wie's tuschelt in den entferntesten Ecken,
kichert und lacht!
Überall Bepacktsein, Verstecken;
Vorfreude: wie anderen Freude man macht!
Hoffen und Wünschen webt feiernd durchs Zimmer:
ein Heinzelmannwirken im Lampenschimmer.

Mich deucht, ich sah einen güldenen Schein:
Guckt da nicht Sankt Niklas zum Fenster herein?
Glocken erklingen in weiter Ferne.
Bratäpfelduft aus dem Ofen quoll.
Am nachtklaren Himmel schimmern die Sterne
verheißungsvoll
und schauen das Treiben und freuen sich mit
bei der eilenden Menschen frohklingendem Schritt.

Friedvolles Hasten weit und breit:
Weihnacht ist nahe! O heimliche Zeit!

## Vorweihnachtstrubel

Grüner Kranz mit roten Kerzen,
Lichterglanz in allen Herzen,
Weihnachtslieder, Plätzchenduft,
Zimt und Sterne in der Luft.
Garten trägt sein Winterkleid,
wer hat noch für Kinder Zeit?

Leute packen, basteln, laufen,
grübeln, suchen, rennen, kaufen,
kochen, backen, braten, waschen,
rätseln, wispern, flüstern, naschen,
schreiben Briefe, Wünsche, Karten,
was sie auch von dir erwarten.

Doch wozu denn hetzen, eilen,
schöner ist es zu verweilen,
und vor allem dran zu denken,
sich ein Päckchen ›Zeit‹ zu schenken.
Und bitte laßt noch etwas Raum
für das Christkind unterm Baum!

ARNO HOLZ

## Weihnachten

Und wieder nun lässt aus dem Dunkeln
die Weihnacht ihre Sterne funkeln!
Die Engel im Himmel hört man sich küssen,
und die ganze Welt riecht nach Pfeffernüssen …

So heimlich war es die letzten Wochen,
die Häuser nach Mehl und Honig rochen,
die Dächer lagen dick verschneit,
und fern, noch fern schien die schöne Zeit.
Man dachte an sie kaum dann und wann.
Mutter teigte die Kuchen an,
und Vater, dem mehr der Lehnstuhl taugte,
saß daneben und las und rauchte.
Da, plötzlich, eh man sichs versah,
mit einmal war sie wieder da.

Mitten im Zimmer steht nun der Baum!

Man reibt sich die Augen und glaubt es kaum …
Die Ketten schaukeln, die Lichter wehn,
Herrgott, was gibts da nicht alles zu sehn!
Die kleinen Kügelchen und hier
die niedlichen Krönchen aus Goldpapier!
Und an all den grünen, glitzernden Schnürchen
all die unzähligen, kleinen Figürchen:
Mohren, Schlittschuhläufer und Schwälbchen,
Elefanten und kleine Kälbchen,

Schornsteinfeger und trommelnde Hasen,
dicke Kerle mit roten Nasen,
reiche Hunde und arme Schlucker
und alles, alles aus purem Zucker!
Ein alter Herr mit weißen Bäffchen
hängt grade unter einem Äffchen.
Und hier gar schält sich aus seinem Ei
ein kleiner, geflügelter Nackedei.
Und oben, oben erst in der Krone!
Da hängt eine wirkliche, gelbe Kanone
und ein Husarenleutnant mit silbernen Tressen –
ich glaube wahrhaftig, man kann ihn essen!

In den offenen Mäulerchen ihre Finger
stehn um den Tisch die kleinen Dinger,
und um die Wette mit den Kerzen
puppern vor Freuden ihre Herzen.
Ihre großen, blauen Augen leuchten,
indes die unsern sich leise feuchten.
Wir sind ja leider schon längst »erwachsen«,
uns dreht sich die Welt um andre Achsen
und zwar zumeist um unser Bureau.
Ach, nicht wie früher mehr macht uns froh
aus Zinkblech eine Eisenbahn,
ein kleines Schweinchen aus Marzipan.
Eine Blechtrompete gefiel uns einst sehr,
der Reichstag interessiert uns heut mehr;
auch sind wir verliebt in die Regeldetri
und spielen natürlich auch Lotterie.
Uns quälen tausend Siebensachen.
Mit einem Wort, um es kurz zu machen,
wir sind große, verständige, vernünftige Leute!

Nur eben heute nicht, heute, heute!

Über uns kommt es wie ein Traum,
ist nicht die Welt heut ein einziger Baum,
an dem Millionen Kerzen schaukeln?
Alte Erinnerungen gaukeln
aus fernen Zeiten an uns vorüber,
und jede klagt: Hinüber, hinüber!
Und ein altes Lied fällt uns wieder ein:
O selig, o selig, ein Kind noch zu sein!

FLORIAN CIESLIK

### eilig habend

eilig habend laufen die
die noch nichts haben
laden und laden
und laden ab
gute dinge müssen weile haben
doch immer sind es eilige gaben
die genauso eilig wieder gehen
wie sie eilig kamen
am eilig abend

## Furchtbar schlimm

Vater, Vater, der Weihnachtsmann!
Eben hat er ganz laut geblasen,
viel lauter als der Postwagenmann.
Er ist gleich wieder weitergegangen,
und hat zwei furchtbar lange Nasen,
die waren ganz mit Eis behangen.
Und die eine war wie ein Schornstein,
die andre ganz klein wie'n Fliegenbein,
darauf ritten lauter, lauter Engelein,
die hielten eine großmächtige Leine;
und seine Stiefel waren wie Deine.
Und an der Leine, da ging ein Herr,
ja wirklich, Vater, wie'n alter Bär,
und die Engelein machten hottehott;
ich glaube, das war der liebe Gott.
Denn er brummte furchtbar mit dem Mund,
ganz furchtbar schlimm! ja wirklich! und –

»Aber Detta, du schwindelst ja;
das sind ja wieder lauter Lügen!«
Na, was schad't denn das, Papa?
Das macht mir doch so viel Vergnügen!

»So? – Na ja.«

SEBASTIAN BRANT

## Schenken und Bereuen

Der ist ein Narr, der schenket Gut
Und es nicht gibt mit frohem Mut
Und dazu sauer und böse sieht,
Dass keinem Liebes damit geschieht;
Denn der verliert wohl Dank wie Gabe,
Wer so bedauert verschenkte Habe.
So ist auch der, der etwas schenkt,
Dabei an Gottes Willen denkt,
Und doch hat Reu und Leid davon,
Wenn Gott ihm nicht gleich gibt den Lohn.
    Wer will mit Ehren Geschenke machen,
Der tu's als guter Geselle mit Lachen
Und sprech nicht: »Zwar, ich tu's nicht gern!«,
Will er nicht Dank und Lohn entbehrn.
Denn Gott sieht dessen Gab nicht an,
Der nicht mit Freuden schenken kann;
Das Seine mag jeder behalten wohl,
Zum Schenken man niemand zwingen soll;
Allein aus freiem Herzen kommt
Geschenk, das einem jeden frommt.
Der Dank gar selten verlorengeht;
Wenn er zuweilen auch kommt spät,
So pflegt sich alles doch zu schlichten
Und nach der Ordnung einzurichten.
Mag einer keinen Dank auch sagen,
So find't man gegen solch Betragen
Bald einen dankbar weisen Mann,
Der alles wohl vergelten kann.

Doch wer *vorhält* geschenkte Gaben,
Der will den Händedruck nicht haben
Und will nicht *warten* aufs Vergelten;
Geschenk vorrücken muss man schelten.
Den sieht man über die Achseln an,
Wer seine Wohltat vorhalten kann:
Er selbst gewinnt nicht mehr daran.


JOACHIM RINGELNATZ


## Schenken

Schenke groß oder klein,
Aber immer gediegen.
Wenn die Bedachten
Die Gaben wiegen,
Sei dein Gewissen rein.

Schenke herzlich und frei.
Schenke dabei,
Was in dir wohnt
An Meinung, Geschmack und Humor,
So dass die eigene Freude zuvor
Dich reichlich belohnt.

Schenke mit Geist ohne List.
Sei eingedenk,
Dass dein Geschenk
Du selber bist.

## Christgeschenk

Mein süßes Liebchen! Hier in Schachtelwänden
  Gar mannigfalt geformte Süßigkeiten.
  Die Früchte sind es heilger Weihnachtszeiten,
  Gebackne nur, den Kindern auszuspenden!

Dir möcht ich dann mit süßem Redewenden
  Poetisch Zuckerbrot zum Fest bereiten;
  Allein was solls mit solchen Eitelkeiten?
  Weg den Versuch, mit Schmeichelei zu blenden!

Doch gibt es noch ein Süßes, das vom Innern
  Zum Innern spricht, genießbar in der Ferne,
  Das kann nur bis zu dir hinüber wehen.

Und fühlst du dann ein freundliches Erinnern,
  Als blinkten froh dir wohlbekannte Sterne,
  Wirst du die kleinste Gabe nicht verschmähen.

## Brief ans Christkind

Christkindlein, liebes, ich bitte dich sehr,
es dauert ja nun nicht lange mehr.
Bring mir doch wieder ein neues Kleid,
für meine Puppe, die Adelheid.
Das alte ist schon ganz abgeschossen,
und einmal ist Sirup darüber geflossen.
Da hat es einen Flecken gegeben.
Die rote Farbe blieb daran kleben.
Wir haben sie nicht mehr auswaschen können.
Nun will ich noch etwas anderes nennen.
Ich wage es dir zwar fast nicht zu schreiben.
Wenn es zuviel ist, lass es nur bleiben!
Eine Puppenküche wünsch ich mir noch.
Die alte Pfanne hat nämlich ein Loch.
Ich glaube der Rost hat sie angefressen.
Es ekelt einen, daraus zu essen.
Und zudem ist sie für mich jetzt zu klein.
Auch Schlittschuhe wären natürlich fein.
Schlittschuhfahren ist gar zu schön.
Ich möchte mit meinem Bruder gehn.
Aber die kannst du nächstes Jahr bringen,
weißt, ich möchte nicht alles erzwingen.
Doch wenn du mir lieber die Schlittschuhe schenkst,
ist's auch recht. Wenn du nur nicht denkst,
daß ich zu unbescheiden sei
mit meinen Wünschen, es sind ja schon drei.
Das möchte ich nicht, das täte mir leid.
Bring du nur einfach, soviel dich freut.

Dann wird es mir sicher auch Freude machen.
Du bringst ja keine unnützen Sachen.
Jetzt bin ich am Ende. Noch einen Gruß
vom Marteli Stocker im »roten Huus«.


HEINRICH SEIDEL


Der kleine Nimmersatt

Ich wünsche mir ein Schaukelpferd,
'ne Festung und Soldaten
Und eine Rüstung und ein Schwert.
Wie sie die Ritter hatten.

Drei Märchenbücher wünsch ich mir
Und Farbe auch zum Malen
Und Bilderbogen und Papier
Und Gold- und Silberschalen.

Ein Domino, ein Lottospiel,
Ein Kasperletheater,
Auch einen neuen Pinselstiel
Vergiss nicht, lieber Vater!

Ein Zelt und sechs Kanonen dann
Und einen neuen Wagen
Und ein Geschirr mit Schellen dran,
Beim Pferdespiel zu tragen.

Ein Perspektiv, ein Zootrop,
'ne magische Laterne,
Ein Brennglas, ein Kaleidoskop –
Dies alles hätt ich gerne.

Mir fehlt – ihr wisst es sicherlich –
Gar sehr ein neuer Schlitten,
Und auch um Schlittschuh möchte ich
Noch ganz besonders bitten.

Um weiße Tiere auch von Holz
Und farbige von Pappe,
Um einen Helm mit Federn stolz
Und eine Flechtemappe.

Auch einen großen Tannenbaum,
Dran hundert Lichter glänzen,
Mit Marzipan und Zuckerschaum
Und Schokoladenkränzen.

Doch dünkt dies alles euch zu viel,
Und wollt ihr daraus wählen,
So könnte wohl der Pinselstiel,
Und auch die Mappe fehlen.

Als Hänschen so gesprochen hat,
Sieht man die Eltern lachen:
»Was willst du, kleiner Nimmersatt,
Mit all den vielen Sachen?«

»Wer so viel wünscht« – der Vater spricht's –
»Bekommt auch nicht ein Achtel –
Der kriegt ein ganz klein wenig Nichts
In einer Dreierschachtel.«

## Weihnachten

Ich bin Erika.
Jetzt kommt Weihnachten.
Ich schenke Vati ein Tischfeuerzeug zu 22,50 DM.
Vati schenkt Michael Tennisschläger zu 22 DM.
Michael schenkt Mutti eine Schälmaschine zu
$$19,70 \text{ DM.}$$
Mutti schenkt mir Schallplatten im Wert von 18 DM.
4,50 DM muss ich noch bekommen.
Von wem?
Ich bin so gespannt auf Weihnachten.

JAMES KRÜSS

## Ladislaus und Annabella

In der Ecke eines Fensters
Unten rechts im Warenhaus,
Sitzt die Puppe Annabella
Mit dem Bären Ladislaus.

Annabella weint und jammert,
Ladislaus, der grunzt und schnauft:
Weihnachtsabend ist gekommen,
Und die zwei sind nicht verkauft.

»Armer Bär!« seufzt Annabella,
»Arme Puppe«, schluchzt der Bär.
Tränen kullern in die Ecke,
Und das Herz ist beiden schwer.

In dem leeren Warenhause
Löscht man langsam Licht um Licht,
Nur in diesem einen Fenster,
Da verlöscht die Lampe nicht.

Voller Mitleid mit den beiden
Läßt der brave alte Mann
Von der Wach- und Schließgesellschaft
Diese letzte Lampe an.

Dann verläßt er Annabella
Und den Bären, welcher klagt
Und mit sehr gepreßter Stimme
»Lebewohl« und »Servus« sagt.

In der menschenleeren Straße,
Abendstill und schneeverhüllt,
Sind die beiden in dem Fenster
Ein betrüblich Jammerbild.

Traurig vor der großen Scheibe
Fallen Flocken, leicht wie Flaum,
Und im Hause gegenüber
Glänzt so mancher Lichterbaum.

Zehn Uhr schlägt's vom nahen Turme,
Und fast schlafen beide schon,

Da ertönt im Puppenhause
Laut das Puppentelefon.

»Hallo!« fragt der Bär verschlafen.
»Hier das Kaufhaus. Wer ruft an?«
Da vernimmt er eine Stimme,
Und die brummt: »Der Weihnachtsmann!«

»Oh!« ruft Ladislaus erschrocken.
»Was darf's sein, ich bitte sehr?«
»Eine schöne Puppenstube,
Eine Puppe und ein Bär!«

»Das ist alles noch zu haben!«
Ruft die Puppe Annabell.
»Kommen Sie zum Warenhause
Unten rechts, doch bitte schnell!«

Das ist eine Überraschung!
Ladislaus kämmt schnell den Schopf,
Und die Puppe Annabella
Flicht ein Schleifchen in den Zopf.

Und schon zehn Minuten später
Kommt ein Schlitten, kommt ein Roß,
Und ein Alter steigt vom Schlitten,
Und ein Schlüssel knarrt im Schloß.

Ladislaus, der quiekt und jodelt,
Annabella lacht und singt,
Als der Weihnachtsmann die beiden
In den Pferdeschlitten bringt.

Grad in diesem Augenblicke
Kommt der brave alte Mann
Von der Wach- und Schließgesellschaft
Wieder kontrollierend an.

Höflich grüßt er die Gesellschaft,
Springt zurück ins Warenhaus,
Holt die schöne Puppenstube,
Und dann trägt er sie hinaus.

Leise sagt er zu der Puppe:
»Frohes Fest, mein kleines Kind!«
Während eine kleine Träne
in den großen Schnauzbart rinnt.

»Frohes Fest!« sagt Annabella.
»Frohes Fest!« ruft Ladislaus.
Dann wird's dunkel in dem Fenster
Unten rechts im Warenhaus.


HEINZ ERHARDT


Ein Weihnachtslied

Es ist Weihnachten geworden.
Kalter Wind bläst aus dem Norden
und hat Eis und Schnee gebracht.

Doch am Weihnachtsbaum die Kerzen,
die erwärmen unsre Herzen,
und des Kindes Auge lacht.

Und man sieht auf den verschneiten
Straßen weiße Engel schreiten
durch die stille, heil'ge Nacht.


ROBERT GERNHARDT


### Rätsel

»Da ist ein Baum,
ist immer grün,
wächst nicht in der Savanne.
Wächst da, wo Deutschlands Blumen blühn,
und winters auf ihm Kerzen glühn –
wie heißt der Baum?«

»Marianne?«

GINA RUCK-PAUQUÈT

## Traumbescherung

Ich hab mir was ausgedacht,
Daß mir aber keiner lacht!
Dieses Jahr zur Weihnachtszeit,
Da beschenk ich weit und breit
Alle Leut' – ihr glaubt es kaum?
Jeder kriegt von mir 'nen Traum:
Raben, die Trompete blasen,
Bring ich mit, karierte Hasen,
Eine Fuhre Gummibärchen,
Dreizehn Flaschen voller Märchen.
Bäume, die spazierengehen,
Stunden, die ganz stille stehen,
Hunde, die sich reiten lassen,
Frisch gebrat'nes Eis in Massen,
Schnelle Autos für die Kinder,
Einen Zauber-Wunsch-Zylinder,
Extra-Väter, nur zum Spielen,
Bälle, die von selber zielen,
Eine Müllkippe zu Hause,
Und 'ne Limonadenbrause,
Betten, die im Dunkeln fliegen,
Masern, die wir niemals kriegen,
Sommerschnee auf Rodelwiesen,
Aufblasbare bunte Riesen,
Feuerchen, die knisternd brennen,
Mütter, die nicht schimpfen können,
Badeseen an den Ecken,
Lutschbonbons so lang wie Stecken,

Schulen, nur zum Lachenlernen,
Flugzeugtaxis zu den Sternen,
Sofas, um drauf rumzuspringen,
Lieder, die sich selber singen,
Pulver zum Unsichtbarmachen,
Ein paar kleine, zahme Drachen,
Katzen, die auf Rollschuh'n rennen,
Morgenstunden zum Verpennen,
Wände, um sie anzumalen,
Nüsse ohne harte Schalen,
Einen Löwen zum Liebkosen,
Und statt Ärger rote Rosen.
Hier ist die Bescherung aus.
Sucht für euch das Beste raus!


AUGUST HEINRICH HOFFMANN
VON FALLERSLEBEN


Der Traum

Ich lag und schlief, da träumte mir
Ein wunderschöner Traum:
Es stand auf unserm Tisch vor mir
Ein hoher Weihnachtsbaum.

Und bunte Lichter ohne Zahl
Die brannten ringsumher,
Die Zweige waren allzumal
Von goldnen Äpfeln schwer.

Und Zuckerpuppen hingen dran:
Das war mal eine Pracht!
Da gab's was ich nur wünschen kann
Und was mir Freude macht.

Und als ich nach dem Baume sah
Und ganz verwundert stand,
Nach einem Apfel griff ich da,
Und alles, alles schwand.

Da wacht ich auf aus meinem Traum
Und dunkel war's um mich:
Du lieber schöner Weihnachtsbaum,
Sag an, wo find ich dich?

Da war es just als rief er mir:
»Du darfst nur artig sein,
Dann steh ich wiederum vor dir –
Jetzt aber schlaf nur ein!

Und wenn du folgst und artig bist,
Dann ist erfüllt dein Traum,
Dann bringet dir der heilge Christ
Den schönsten Weihnachtsbaum.«

JAMES KRÜSS

## Die Weihnachtsmaus

Die Weihnachtsmaus ist sonderbar
(Sogar für die Gelehrten),
Denn einmal nur im ganzen Jahr
Entdeckt man ihre Fährten.

Mit Fallen oder Rattengift
Kann man die Maus nicht fangen.
Sie ist, was diesen Punkt betrifft,
Noch nie ins Garn gegangen.

Das ganze Jahr macht diese Maus
Den Menschen keine Plage.
Doch plötzlich aus dem Loch heraus
Kriecht sie am Weihnachtstage.

Zum Beispiel war vom Festgebäck,
Das Mutter gut verborgen,
Mit einemmal das Beste weg
Am ersten Weihnachtsmorgen.

Da sagte jeder rundheraus:
Ich hab es nicht genommen!
Es war bestimmt die Weihnachtsmaus,
Die über Nacht gekommen!

Ein andres Mal verschwand sogar
Das Marzipan vom Peter,

Was seltsam und erstaunlich war,
Denn niemand fand es später.

Der Christian rief rundheraus:
Ich hab es nicht genommen!
Es war bestimmt die Weihnachtsmaus,
Die über Nacht gekommen!

Ein drittes Mal verschwand vom Baum,
An dem die Kugeln hingen,
Ein Weihnachtsmann aus Eierschaum
Nebst andren leckren Dingen.

Die Nelly sagte rundheraus:
Ich habe nichts genommen!
Es war bestimmt die Weihnachtsmaus,
Die über Nacht gekommen!

Und Ernst und Hans und der Papa,
Die riefen: Welche Plage!
Die böse Maus ist wieder da,
Und just am Feiertage!

Nur Mutter sprach kein Klagewort.
Sie sagte unumwunden:
Sind erst die Süßigkeiten fort,
Ist auch die Maus verschwunden!

Und wirklich wahr: Die Maus blieb weg,
Sobald der Baum geleert war,
Sobald das letzte Festgebäck
Gegessen und verzehrt war.

Sagt jemand nun, bei ihm zu Haus –
Bei Fränzchen oder Lieschen –
Da gäb es keine Weihnachtsmaus,
Dann zweifle ich ein bißchen!

Doch sag ich nichts, was jemand kränkt!
Das könnte euch so passen!
Was man von Weihnachtsmäusen denkt,
Bleibt jedem überlassen!


ERICH KÄSTNER


## Weihnachtslied, chemisch gereinigt

(Nach der Mel.: »Morgen, Kinder, wird's was geben!«)

Morgen, Kinder, wird's nichts geben!
Nur wer hat, kriegt noch geschenkt.
Mutter schenkte euch das Leben.
Das genügt, wenn man's bedenkt.
Einmal kommt auch eure Zeit.
Morgen ist's noch nicht soweit.

Doch ihr dürft nicht traurig werden.
Reiche haben Armut gern.
Gänsebraten macht Beschwerden.
Puppen sind nicht mehr modern.
Morgen kommt der Weihnachtsmann.
Allerdings nur nebenan.

Lauft ein bißchen durch die Straßen!
Dort gibt's Weihnachtsfest genug.
Christentum, vom Turm geblasen,
Macht die kleinsten Kinder klug.
Kopf gut schütteln vor Gebrauch!
Ohne Christbaum geht es auch.


WERNER SCHNEYDER

## Ich wünsch' mir zu Weihnachten

Ein verantwortungsvoller Zeitgenosse
hat weihnachtliche Gedanken

Ich denke, wenn ich schenke,
nicht nur an dich, mein Schatz!
Ich denke, wenn ich schenke,
an jeden Arbeitsplatz,
den ich so rette, und ich wette,
du denkst auch so weit.
Und darum denk' ich, warum schenk' ich
uns nicht mehr Weihnachtszeit?

Es gilt Bestechen als Verbrechen.
Doch nicht zur Stillen Nacht.
Weil eine Geste zum frohen Feste
nur guten Willen macht.
Wenn wir uns lieben, wird unterschrieben

noch vor »Dreikönig«. Doch
will unser Markt nicht den Infarkt,
ist das zu wenig noch.

Ich wünsch' mir zu Weihnachten
noch drei Weihnachten
für den Lauf des Jahres.
Das wär' gegen Rezession,
das wär' gegen Depression
etwas Elementares.
Ja, geben denn Ostereier,
ja, gibt eine Sonnwendfeier
ökonomisch was her?
Da sag ich von Herzen »Nein!«
und wünsch' mir beim Kerzenschein
drei Weihnachten mehr.

Ich denke, wenn ich schenke,
auch an die Bundesbank.
Mein Einkauf und auch dein Kauf
wollen den Bundesdank.
Ich säume nie da, wo 'ne Krida
droht, und kauf' was ein.
Ich schenk' Karaffen, Engel und Waffen –
stets nur bei Kerzenschein.

Droht wo 'ne Pleite, leg' ich noch heute
dir was zum Lichterbaum.
Auch wenn es März ist, wenn es ein Nerz ist,
stört das den Dichter kaum.
Ist kein Advent da, ist mein Talent da
und so beschere ich.

Denn mit Präsenten sichert man Renten,
darum begehre ich –

– zu unseren Weihnachten
noch drei Weihnachten,
wo die nächste im Lenz wär'.
Das hieße dann »Mainachten«.
Doch warum kein Weihnachten,
das in Permanenz wär'?
Warum an Allerheiligen
nur Gärtner beteiligen?
Ja, wenn man mich einmal läßt!
Dann wünsch' ich zu Weihnachten
mir nichts mehr als Weihnachten!
Ein fro-ohes Fest!

Ob es West oder Ost ist,
ob es Väterchen Frost ist,
ob das Christkind im Fenster
oder andere Gespenster:
Ich wünsch' mir zu Weihnachten
ein ewiges Weihnachten,
ein fro-ohes Fest!

KONSTANTIN WECKER

# Es weihnachtet sehr

Es ist wieder soweit, es weihnachtet sehr.
Die Dekorateure arbeiten schwer,
und große Kinderaugen gaffen
verzückt auf die neuesten Spielzeugwaffen.

Die Stadt ist belagert von Weihnachtsmännern,
vorsorglich gereinigt von Punkern und Pennern,
im letzten Waschgang weichgespült,
daß auch jeder die Reinheit der Liebe erfühlt.

Und weiche Flocken aus künstlichem Schnee
umsäuseln verträumt dein Portemonnaie.

Und draußen, wo wirklich die Kälte wohnt,
wo sich das Christkindgesäusel nicht lohnt,
drunten in den Asylen und Heimen
beginnt wieder das alljährliche Schleimen.

Ja, da warten sie dann, die Alten und Armen,
auf das behördliche Weihnachtserbarmen.
Und obwohl sie eigentlich gar nichts mehr glauben,
haben sie immer noch leuchtende Augen.

Und weiße, gepflegte Politikerhände
beschwören betörend das baldige Ende
einer Not, die schon lang nicht mehr nötig ist,
doch die beim Fortgehn schon wieder jeder vergißt.

Und wie nebenbei wird dann noch angetragen,
am Wahltag das richtige Kreuzchen zu schlagen,
damit die wirklich großen Weihnachtsgaben
bei denen bleiben, die sie immer schon haben.

Und eisige Flocken aus rußigem Schnee
brennen weiter Löcher ins Portemonnaie.

Und sie warten und warten, die Alten und Armen,
auf wirkliche Hilfe, auf echtes Erbarmen,
und obwohl sie eigentlich gar nichts mehr glauben,
haben sie immer noch leuchtende Augen.

Es ist wieder soweit, es weihnachtet sehr,
und wir tragen an unsren Geschenken so schwer,
und wir sind ja so jung und so irre gut drauf
und helfen schon mal jemand vom Boden auf.

Und das muß doch genügen, wir zahlen ja Steuern
und wählen doch Männer, die stets was beteuern,
und während wir denen alles glauben,
schleicht sich der Glanz aus unseren Augen.

Und es bläht sich und füllt sich das Portemonnaie,
und in die Taschen der Ärmsten rieselt der Schnee.

Ans
Christkind:
Meine Eltern sind
seit Wochen zerstritten,
also möchte ich dich bitten,
heuer die Geschenke sein zu lassen.
Mach lieber, dass die zwei sich nimmer hassen
und sich am Heiligen Abend zur Versöhnung küssen
und die Nachbarn nicht wieder die Polizei rufen
müssen.
Deine
kleine
Brigitte.
Wohnhaft: Wien-Mitte

GOTTFRIED KELLER

## Weihnachtsmarkt

Welch lustiger Wald um das graue Schloss
Hat sich zusammen gefunden,
Ein grünes bewegliches Nadelgehölz,
Von keiner Wurzel gebunden!

Anstatt der warmen Sonne scheint
Das Rauschgold durch die Wipfel;
Hier backt man Kucken, dort brät man Wurst,
Das Räuchlein zieht um die Gipfel.

Es ist ein fröhlich Leben im Wald,
Das Volk erfüllet die Räume;
Die nie mit Tränen ein Reis gepflanzt,
Die fällen am frohsten die Bäume.

Der eine kauft ein bescheidnes Gewächs
Zu überreichen Geschenken,
Der andre einen gewaltigen Strauch,
Drei Nüsse daran zu henken.

Dort feilscht um ein verkrüppeltes Reis
Ein Weib mit scharfen Waffen:
Der dünne Silberling soll zugleich
Den Baum und die Früchte verschaffen!

Mit glühender Nase schleppt der Lakai
Die schwere Tanne von hinnen,
Das Zöfchen trägt ein Leiterchen nach,
Zu ersteigen die grünen Zinnen.

Und kommt die Nacht, so singt der Wald
Und wiegt sich im Gaslichtscheine;
Bang führt die arme Mutter ihr Kind
Vorüber dem Zauberhaine.

Einst sah ich einen Weihnachtsbaum:
Im düstern Bergesbanne

Stand eisbezuckert auf dem Granit
Die alte Wettertanne.

Und zwischen den Ästen waren schön
Die Sterne aufgegangen,
Am untersten Ast sah ich entsetzt
Die alte Schmidtin hangen.

Hell schien der Mond ihr ins Gesicht,
Das festlich still verkläret;
Weil sie auf der Welt sonst nichts besaß,
Hatte sie sich selbst bescheret.


CHRISTIAN MORGENSTERN


Das Weihnachtsbäumlein

Es war einmal ein Tännelein,
mit braunen Kuchenherzlein
und Glitzergold und Äpflein fein
und vielen bunten Kerzlein:
Das war am Weihnachtsfest so grün,
als fing es eben an zu blühn.

Doch nach nicht gar zu langer Zeit,
da stand's im Garten unten,
und seine ganze Herrlichkeit
war, ach, dahingeschwunden.

Die grünen Nadeln war'n verdorrt,
die Herzlein und die Kerzlein fort.

Bis eines Tags der Gärtner kam,
den fror zu Haus im Dunkeln,
und es in seinen Ofen nahm –
hei! tat's da sprühn und funkeln!
Und flammte heim- und himmelwärts
in hundert Flämmlein an Gottes Herz.


ERNST JANDL


niemals war ein weihnachtsmann.
aber das christkind.
der glanz war blendend
    wunderbar.
das ganze zimmer war
    blendend.
und der schöne christbaum und
    die vielen schönen sachen.
seit über vierzig jahren
hab ich nicht mehr daran
    geglaubt.
aber jetzt beginnt sich
    etwas zu ändern.
alles kann mich plötzlich
    blenden
nämlich jedes gewöhnliche
    ding.

ich halte
nichts in den händen
nach so langer zeit.
aber es ist nicht mehr
so weit bis dorthin
als es schon war.
das wird das ganze
zimmer
in das ich eingesperrt bin
groß und weiß und
blendend wunderbar.

# Weihnachten – wie es wirklich war

## Weihnachten – wie es wirklich war

*War es so?*
Maria kam gelaufen
Josef kam geritten
Das Jesuskindlein war glücklich
Der Ochse erglänzte
Der Esel jubelte
Der Stern schnaufte
Die himmlischen Heerscharen lagen in der Krippe
Die Hirten wackelten mit den Ohren
Die Heiligen Drei Könige beteten
Alle standen daneben

*Oder so?*
Maria lag in der Krippe
Josef erglänzte
Der Ochse war glücklich
Der Esel stand daneben
Der Stern jubelte
Die himmlischen Heerscharen kamen geritten
Die Hirten schnauften
Die Heiligen Drei Könige wackelten mit den Ohren
Alle beteten

*Oder so?*
Maria schnaufte
Josef betete
Das Jesuskindlein stand daneben
Der Ochse kam gelaufen

Der Esel kam geritten
Der Stern lag in der Krippe
Die himmlischen Heerscharen wackelten mit den
Ohren
Die Hirten erglänzten
Die Heiligen Drei Könige waren glücklich
Alle jubelten

*Oder so?*
Maria jubelte
Josef war glücklich
Das Jesuskindlein wackelte mit den Ohren
Der Ochse lag in der Krippe
Der Esel erglänzte
Der Stern betete
Die himmlischen Heerscharen standen daneben
Die Hirten kamen geritten
Die Heiligen Drei Könige kamen gelaufen
Alle schnauften

*Oder etwa so?*
Maria betete
Josef stand daneben
Das Jesuskindlein lag in der Krippe
Der Ochse schnaufte
Der Esel wackelte mit den Ohren
Der Stern erglänzte
Die himmlischen Heerscharen jubelten
Die Hirten kamen gelaufen
Die Heiligen Drei Könige kamen geritten
Alle waren glücklich

Ja, so.

EVA ZELLER

## Krippenspiel – Welttheater

Und Lukas tritt
ins Rampenlicht
wickelt das
Neugeborene in
Windeln und legt
es in eine Krippe
auf Heu und
auf Stroh

Hinweg das Stroh
rufen die Frommen
Stroh ist zu schlecht
wir werden mit Purpur
und Seide kommen
am liebsten würden
wir selber zur Krippe
werden damit das Kind
es gut hat auf Erden

Hinweg das Stroh
rufen die Heiden
von wegen Stille Nacht
das wäre ja gelacht
es ist kein Ros
entsprungen wie
eure Alten sungen
morgen kommt der

Weihnachtsmann kommt
mit seinen Gaben
von draus vom Walde

Und Lukas tritt
ins Rampenlicht
die Krippe
die Windeln
das Stroh
bis heute muß er
Zugaben geben
der Vorhang
sich endlos
oft heben


URS WIDMER


## Weihnachten

Es sprach der Ochs zum Es:
wie lieb er trinkt, der Jes.
Auch wir woll bißchen prostern
so bis so gegen Ostern.

Die Tier im heilig Stall
griff froh zur Flaschen all.
Wed Es noch Ochs warn schüchtern.
Mar, Jos und Jes blieb nüchtern.

Jes schlief, Mar träumt, doch Jos
schaut auf sein Frau ziem bos.
Der Es sagt: Jos, übs Jahr
hast du vergess wies war.
Dann weihnacht es schon wieder
und du sing Weihnachtslieder.

LUISE HENSEL

## Was ist das doch ein holdes Kind

Was ist das doch ein holdes Kind,
Das man hier in der Krippe findt?
Ach, solch ein süßes Kindelein,
Das muss gewiss vom Himmel sein.

Die Frau, die bei der Krippe kniet,
Und selig auf das Kindlein sieht,
Das ist Maria fromm und rein,
Ihr mag recht froh im Herzen sein.

Der Mann, der zu der Seite steht,
Und still hinauf zum Himmel fleht,
Das muss der fromme Joseph sein,
Der tut sich auch des Kindleins freun.

Und was dort in der Ecke liegt,
Und nach dem Kindlein schaut vergnügt,

Ein Öchslein und ein Eselein,
Das mögen gute Tierlein sein!

Und die dort kommen fromm und gut
Mit langem Stab und rundem Hut,
Das ist der Hirten fromme Schar,
Die bringen ihre Gaben dar.

Und was den Stall so helle macht,
Und was so lieblich singt und lacht,
Das sind die lieben Engelein,
Die schaun zu Tür und Fenster ein.

Und die dort kommen ganz von fern
Und gläubig schauen nach dem Stern,
Das sind der weisen Könge drei
Mit Weihrauch, Gold und Spezerei.

Und ob dem Hüttlein flammt der Stern,
Der leuchtet nah und leuchtet fern;
Er leuchtet auch durch unsre Zeit
Und leuchtet bis in Ewigkeit.

Sei hochgelobt, du dunkle Zell!
Durch die die ganze Welt wird hell.
Klein Kindlein in Mariens Schoß
Wie bist du so unendlich groß!

## Herbergsuche

Die Herberg' hieß zum goldnen Stern.
»Mein Haus ist voll zum Bersten«,
sprach rauh der Wirt, »von feinen Herrn.
Wer eh' kommt, mahlt am ersten.«

Sankt Josef bat um Platz im Heu.
Maria sprach bescheiden:
»Wollt allenfalls uns auf der Streu
zusamt dem Esel leiden!«

Der Leutgeb, unwirsch, hieß sie ziehn.
»Zum Mohren geht hinüber!«
Bei sich: »An solchem Pack verdien'
ich keinen halben Stüber.«

Im Mohren blieb man taub. Im Bär'n
log man, der Raum sei alle.
Der Esel aber, ihn roch fern
das Heu an, schritt zum Stalle.

Sie litten's. Und was Geiz verwehrt
den stolzen, reichen Wirten,
das Heil zu wärmen, o, gewährt
dem Vieh ward's und den Hirten.

WILHELM BUSCH

## Der Stern

Hätt einer auch fast mehr Verstand
Als wie die drei Weisen aus Morgenland
Und ließe sich dünken, er wär wohl nie
Dem Sternlein nachgereist wie sie;
Dennoch, wenn nun das Weihnachtsfest
Seine Lichtlein wonniglich scheinen lässt,
Fällt auch auf sein verständig Gesicht,
Er mag es merken oder nicht,
Ein freundlicher Strahl
Des Wundersternes von dazumal.

CHRISTINE BUSTA

## Der Stern

Nachts erwachen und mit herrlichem Erschrecken
hell im Fenster einen Stern entdecken,
und um ihn die sichre Angst verlassen,
wie Kolumbus nach dem Steuer fassen,
und gehorsam wie aus Morgenland die Weisen
durch die Wüste in die Armut reisen,
und im Stern des Engels Antlitz schauen:
wie ein Hirt zu Bethlehem vertrauen.

KURT MARTI

weihnacht

damals

als gott
im schrei der geburt
die gottesbilder zerschlug

und

zwischen marias schenkeln
runzelig rot
das kind lag

CLEMENS BRENTANO

Engel, die Gott zugesehn
Sonn und Mond und Sterne bauen,
Sprachen: Herr, es ist auch schön,
Mit dem Kind ins Nest zu schauen.

JOSEF GUGGENMOS

## Verkündigung

Die Schafe
hatten sich aneinandergedrückt,
ganz dicht.
Es war im Winter, weißt du,
Nacht war's und kalt.
Die Hirten saßen ums Feuer,
steif und gebückt.

Da kam ein Engel,
in der schwarzen Nacht stand er hell,
groß war er, schön.
Der hob den Arm: »Fasset Mut!
Seht ihr den Stern
und darunter den Stall?
Dorthin müßt ihr gehn!
Von nun an ist alles gut.«

ANGELUS SILESIUS

### Du must zum Kinde werden

Mensch wirstu nicht ein kind / so gehstu nimmer ein /
Wo GOttes Kinder seynd: die Thür ist gar zu klein.

### Der Kinder ists Himmelreich

Christ so du kanst ein Kind von gantzem Hertzen
werden /
So ist das Himmelreich schon deine hier auf Erden.

### Die Kindheit und GOttheit

Weil sich die GOttheit hat in Kindheit mir erzeigt /
Bin ich der Kindheit und der Gottheit gleich geneigt.

### Kind und GOtt

Kind oder GOtt gilt gleich: hastu mich Kind genennt /
So hastu GOtt in mir / und mich in GOtt bekennt.


LUDWIG THOMA


## Heilige Nacht

So ward der Herr Jesus geboren
Im Stall bei der kalten Nacht.
Die Armen, die haben gefroren,
Den Reichen war's warm gemacht.

Sein Vater ist Schreiner gewesen,
Die Mutter war eine Magd.
Sie haben kein Geld nicht besessen,
Sie haben sich wohl geplagt.

Kein Wirt hat ins Haus sie genommen;
Sie waren von Herzen froh,
Dass sie noch in Stall sind gekommen.
Sie legten das Kind auf Stroh.

Die Engel, die haben gesungen,
Dass wohl ein Wunder geschehn.
Da kamen die Hirten gesprungen
Und haben es angesehn.

Die Hirten, die will es erbarmen,
Wie elend das Kindlein sei.
Es ist eine G'schicht für die Armen,
Kein Reicher war nicht dabei.

WERNER BERGENGRUEN

## Die Hirten

Es roch so warm nach den Schafen,
Da sind sie eingeschlafen.
O Wunder was geschah:
Es ist eine Helle gekommen,
Ein Engel stand da.

Sie haben sein Wort vernommen,
War schwer zu verstehen.
Sie mußten nach Bethlehem gehen
Und sehen.

Sie haben vor der Krippen
Aus runden Augen geschaut.
Sie stießen sich stumm in die Rippen.
Einer hat sich gekraut,
Einer drückte sich gegen die Wand,
Einer schneuzte sich in die Hand
Und wischte sich über die Lippen.

Aber Iwan Akimitsch, der vorne stand,
Der den heimlichen Branntwein braut,
Iwan Akimitsch vom Wiesenrand,
Iwan Akimitsch hat sich endlich getraut,
Hat dreimal gespuckt,
Dreimal geschluckt,
Dann sagte er laut:

»Wir haben nicht immer gut getan.
Du liebes Kind,
Schau uns nur einmal freundlich an.
Geh, tu's geschwind.«

Da war ihnen leicht, sie wußten nicht wie,
Da fielen sie alle in die Knie,
Da lachte das Kind und segnete sie.
Josef lächelte und Marie.

## Könige und Hirten

Im finstern Stall,
Auf Stroh, das welk,
Unterm Wagen
Schläft das Kind.

Stimmen singen im Gebälk
Mit süßem Schall.
So süßen Schall singt nicht der Wind.

Kühe mit den
Schwänzen schlagen,
Muhen brusttief lind.

Eilig reiten,
Lang schon ritten,
Feine Leute,
Ungeduldig, heilig zornig,
Mit Gesinde
Hinter sich und
Goldbehängten
Sattels, silberspornig,
Im gedrängten
Truppe zu dem Kind.

Hirten gingen
Nicht von ihrem Platze vorn
Beim bleichen Klingen
Von dem Silbersporn.

Und die Feinen
Leiden es,
Daß die Gemeinen
Schulterbreit vor ihnen sind.

Heben sich nur auf den Zehen,
Sagen ein Bescheidenes,
Daß ihre Gastgeschenke gehen
Still von Hand zu Hand nach vorn,
Zu dem Kind,
Das sie nicht sehen.

So die dunklen Hirten hoben
Königsgold und fremd Gewürz,
Gelber Schalen Lichtgestürz
Vor den weißen Schläfer hin.

Einstimmig loben
Ritter und
Gesind
Und Hirtenmund
Das Kind.

Süß singts mit vom Balken oben.

## Die Hirtenstrophe

Wir gingen nachts gen Bethlehem
und suchten über Feld
den schiefen Stall aus Stroh und Lehm,
von Hunden fern umbellt.

Und drängten auf die morsche Schwell
und sahen an das Kind.
Der Schnee trieb durch die Luke hell
und draußen Eis und Wind.

Ein Ochs nur blies die Krippe warm,
der nah der Mutter stand.
Wie war ihr Kleid, ihr Kopftuch arm,
wie mager ihre Hand.

Ein Esel hielt sein Maul ins Heu,
fraß Dorn und Distel sacht.
Er rupfte weich die Krippenstreu,
o bitterkalte Nacht.

Wir hatten nichts als unsern Stock,
kein Schaf, kein eigen Land,
geflickt und fasrig war der Rock,
nachts keine warme Wand.

Wir standen scheu und stummen Munds:
Die Hirten, Kind, sind hier.

Und beteten und wünschten uns
Gerät und Pflug und Stier.

Und standen lang und schluckten Zorn,
weil uns das Kind nicht sah.
Griff nicht das Kind dem Ochs ans Horn
und lag dem Esel nah?

Es brannte ab der Span aus Kien.
Das Kind schrie und schlief ein.
Wir rührten uns, feldein zu ziehn.
Wie waren wir allein!

Daß diese Welt nun besser wird,
so sprach der Mann der Frau,
für Zimmermann und Knecht und Hirt,
das wisse er genau.

Ungläubig hörten wir's – doch gern.
Viel Jammer trug die Welt.
Es schneite stark. Und ohne Stern
ging es durch Busch und Feld.

Gras, Vogel, Lamm und Netz und Hecht,
Gott gab es uns zu Lehn.
Die Erde aufgeteilt gerecht,
wir hätten's gern gesehn.

## Der verspätete Hirt

Ich schreckte auf vom Schlafe,
fuhr in die Nagelschuh,
und meine braven Schafe
die taten halb im Schlafe
noch ihre Stimm' dazu

zu jenem hellen Schalle,
der mich vom Schlafe rief,
die andern Hirten alle
die eilten schon dem Schalle
nach, da lag Schnee so tief.

Der Wind sprang mir entgegen,
als ich die Tür auftat,
da kam auf allen Wegen
vom Himmel hoch entgegen
ein Jubellied aus Gnad.

Da steh ich vor der Hütte,
wie brennt das Herz in mir!
sie knien um die Schütte,
die andern in der Hütte,
ich stehe an der Tür.

Soll ich hinein mich wagen
zum Kindlein dort so zart?
Es rinnt, kaum zu ertragen
(warum, ich kann's nicht sagen)
die Trän' mir in den Bart.

KARL SCHÖLLY

## Die den Stern gesehen

Die den Stern gesehen
Wissen, was vollbracht;
Ihre Füße gehen
Sicher durch die Nacht.

Die das Licht verwirrte,
Dürfen Brüder sein:
König oder Hirte
Schließt das Leuchten ein.

Also läßt die Gnade
Finden sie den Ort,
Wo der Stern gerade
Strahlt auf Gottes Wort.

BERTOLT BRECHT

## Maria

Die Nacht ihrer ersten Geburt war
Kalt gewesen. In späteren Jahren aber
Vergaß sie gänzlich
Den Frost in den Kummerbalken und rauchenden
Ofen

Und das Würgen der Nachgeburt gegen Morgen zu.
Aber vor allem vergaß sie die bittere Scham
Nicht allein zu sein
Die dem Armen eigen ist.
Hauptsächlich deshalb
Ward es in späteren Jahren zum Fest, bei dem
Alles dabei war.
Das rohe Geschwätz der Hirten verstummte.
Später wurden aus ihnen Könige in der Geschichte.
Der Wind, der sehr kalt war
Wurde zum Engelsgesang.
Ja, von dem Loch im Dach, das den Frost einließ,
                                    blieb nur
Der Stern, der hineinsah.
Alles dies
Kam vom Gesicht ihres Sohnes, der leicht war
Gesang liebte
Arme zu sich lud
Und die Gewohnheit hatte, unter Königen zu leben
Und einen Stern über sich zu sehen zur Nachtzeit.

JOHANN PETER HEBEL

## Die Mutter am Christabend

Er schläft, er schläft! Das ist einmal ein Schlaf!
So recht, du lieber Engel du!
Tu mir die Lieb und lieg in Ruh.
Gott gönnt es meinem Kind im Schlaf!

Erwach mir nicht, ich bitt, ich bitt!
Die Mutter geht mit stillem Tritt,
sie geht mit zartem Muttersinn,
und holt den Baum zur Kammer hin.

Was häng ich dir denn an?
'nen Pfefferkuchenmann,
ein Kätzelchen, ein Spätzelchen,
und Blumen bunt und süß und weich,
und alles ist von Zuckerteig.

Genug, du Mutterherz!
Viel Süßigkeit bringt Schmerz.
Gib sparsam wie der liebe Gott.
Tagtäglich nützt kein Zuckerbrot.

Jetzt rote Äpfel her,
die schönsten, die ich haben kann!
Es ist auch nicht ein Fleckchen dran,
wer hat sie schöner, wer?
's ist wahr, es ist 'ne Pracht,
was so ein Apfel lacht.

Jetzt – Gott behüte dich,
an ander Mal denn mehr!
Heut war es, wo der heilge Christ
ein Kind wie du geworden ist.
Werd auch so brav wie er!

## Weihnachtslied

O du mein Mopper, wo willt du hinaus,
Ich kann dir nicht erzählen
Meine güldene Klaus:
Lass klinken, lass klanken,
Lass all herunter schwanken;
Ich weiß nicht, soll ich hüten
Ochs oder Schaf,
Oder soll ich essen
Einen Käs und ein Brod.

Bei Ochsen und bei Schafen
Kann man nicht schlafen,
Da tut es sich eröffnen
Das himmlische Tor,
Da kugeln die Engel
Ganz haufenweis hervor.

Ein kurtzes Poëtisch Christgesang,
vom Ochs, vnd Eselein bey der Krippen

1.

Der Wind auff Lären Strassen
   Streckt auß die Flügel sein:
Streicht hinn gar scharpff ohn maassen,
   Zur Bethlems Krippen ein.
Er brummlet hin, vnd wider
   Der Fliegend WinterBott,
Greifft an die Gleich, vnd Glider
   Dem frisch Vermenschten Gott.

2.

Ach, ach, laß ab von brausen,
   Laß ab, du schnöder Wind:
Laß ab von kaltem sausen,
   Vnd schön dem schönen Kind.
Vilmehr du deine Schwingen
   Zerschlag im wilden Meer,
Aldà dich satt magst ringen,
   Kehr nur nitt wider her.

3.

Mitt dir nun muß ich kosen,
   Mitt dir, o Joseph mein,
Das Futter misch mitt Rosen
   Dem Ochs, vnd Eselein.

Mach deinen frommen Thieren
    So lieblichs mischgemüß,
Bald, bald, ohn zeit verlieren,
    Mach ihnn den Athem süß.


4.

Drauff blaset her, ihr beyden,
    Mit süssem Rosen Wind;
Ochs, Esel wol bescheiden,
    Vnd warmets nacket Kind.
Ach blaset her, vnd hauchet,
    Aha, aha, aha.
Fort, fort, euch waidlich brauchet
Ahà, ahà, ahà.


JAMES KRÜSS


Weihnachtslied vom Eselchen

Ich bin ein Esel, alt und schwach,
i-a,
ich habe in der Heiligen Nacht
im Stall von Bethlehem gewacht
und manchmal leis i-a gemacht.
I-a.

Ich war ganz still, wie sich's gehört,
i-a.
Nur manchmal schlug ich mit dem Steert,
und bei mir standen Ochs und Pferd,
und auch drei Könige, hochgelehrt.
I-a.

Das Christkind war so sonderbar,
i-a.
Es zupfte mich an Bart und Haar,
und einmal rupfte es sogar
am Bart von König Balthasar.
I-a.

Dem Joseph, dem gefällt das nicht,
i-a.
Mit ernstem Zimmermannsgesicht
sieht er das Kindlein an und spricht:
»An Königsbärten zupft man nicht!«
I-a.

Jedoch Maria, seine Frau,
i-a,
die sagte: »Lieber Joseph, schau:
Nimm's mit dem Kind nicht so genau!
Es ist ja noch nicht groß und schlau.«
I-a.

Und auch die Könige, alle drei,
i-a,
die fanden wirklich nichts dabei
und schenkten Myrrhe und Salbei
und rotes Gold dem Kind im Heu.
I-a.

Sie lachten alle drei im Chor,
i-a,
der Caspar und der Melchior
und Balthasar, das war ein Mohr,
der kam mir etwas dunkel vor.
I-a.

Ich bin ein Esel, alt und schwach,
i-a,
ich habe in der Heiligen Nacht
im Stall von Bethlehem gewacht
und manchmal leis i-a gemacht.
I-a.


KLABUND


## Weihnacht

Ich bin der Tischler Josef,
Meine Frau, die heißet Marie.
Wir finden kein' Arbeit und Herberg
Im kalten Winter allhie.

Habens der Herr Wirt vom goldnen Stern
Nicht ein Unterkunft für mein Weib?
Einen halbeten Kreuzer zahlert ich gern,
Zu betten den schwangren Leib. –

Ich hab kein Bett für Bettelleut;
Doch scheerts euch nur in den Stall.
Gevatter Ochs und Base Kuh
Werden empfangen euch wohl. –

Wir danken dem Herrn Wirt für seine Gnad
Und für die warme Stub.
Der Himmel lohns euch und unser Kind,
seis Madel oder Bub.

Marie, Marie, was schreist du so sehr? –
Ach Josef, es sein die Wehn.
Bald wirst du den elfenbeinernen Turm,
Das süßeste Wunder sehn. –

Der Josef Hebamme und Bader war
Und hob den lieben Sohn
Aus seiner Mutter dunklem Reich
Auf seinen strohernen Thron.

Da lag er im Stroh. Die Mutter so froh
Sagt Vater Unserm den Dank.
Und Ochs und Esel und Pferd und Hund
Standen fromm dabei.

Aber die Katze sprang auf die Streu
Und wärmte zur Nacht das Kind. –
Davon die Katzen noch heutigen Tags
Maria die liebsten Tiere sind.

## Argwohn Josephs

Und der Engel sprach und gab sich Müh
an dem Mann, der seine Fäuste ballte:
Aber siehst du nicht an jeder Falte,
dass sie kühl ist wie die Gottesfrüh.

Doch der andre sah ihn finster an,
murmelnd nur: Was hat sie so verwandelt?
Doch da schrie der Engel: Zimmermann,
merkst du's noch nicht, dass der Herrgott handelt?

Weil du Bretter machst, in deinem Stolze,
willst du wirklich *den* zu Rede stelln,
der bescheiden aus dem gleichen Holze
Blätter treiben macht und Knospen schwelln?

Er begriff. Und wie er jetzt die Blicke,
recht erschrocken, zu dem Engel hob,
war der fort. Da schob er seine dicke
Mütze langsam ab. Dann sang er lob.

## Joseph, der Mann im Stall

Da liegst du nun hier,
so wie Gott es gebot.
Ich höre dein Atmen
und spüre die Not,
in der wir alle drei
jetzt sind.
Deine Mutter und ich
und du,
Gottes Kind.

Ich kann euch
ein wenig wärmen
und schützen.
Doch was kann
eines einzigen Menschen
Schutz
letztlich nützen,
wenn rundherum
kein Schutz besteht
und ich selber nicht weiß,
wie es weitergeht?

Warum gerade hier?
Nicht in Nazaret?
Dort hatten wir
für dich Haus und Bett.
Wir hätten dich freundlich
willkommen geheißen.

Dann kam der Befehl,
und wir mußten reisen.
Warum gerade hier?
So bettelarm?
Ein Stall
und sonst nichts.
Wir halten dich warm.
Nur das
können wir dir geben.
So bettelarm
beginnt dein Leben.

In dem Stall
nicht mal ein Licht.
Gäb' es den hellen Stern
heute nicht,
wir spürten uns nur.
So schwarz ist die Nacht.
Gott, wohin
hast du uns gebracht?

Hört ihr die Schritte?
Wer kommt da herein?
Dürfen wir hier überhaupt
heute sein?
Räuber?
Soldaten?
Vielleicht Polizei?
Leise!
Bleibt ruhig!
Gott,
stehst du uns bei?

Wer seid ihr?
Was wollt ihr?
Habt Erbarmen!
Wir haben sonst nichts
als das Kind in den Armen.

Ihr sagt,
ihr seid arm wie wir?
Und ihr wollt ihm
was geben?
Ihr sprecht von Gott
und vom ewigen Leben?
Hirten seid ihr?
Von Gott geschickt?
Von Gottes Engel?
Stimmt das?
Ihr nickt.

Ja,
das ist das Kind
in all seiner Not.
Da liegt es vor euch!
Und ihr bringt Brot
und warme Decken
und Milch
und Licht
mit guten Worten

Und meine Sorgen
um morgen
sind plötzlich
so klein geworden.

Heut sind wir geborgen!
Und morgen
wird Gott
weitersorgen.


JU SOBING


### Weihnachtsgesang

Was – höre – was geschah?
Woher dies' Singens
wundersamer Ton?
Und wie der Stern
es wusste
dass ein Kind
dort in der Krippe lag
im kalten Stall
wo Ochs und Esel
bliesen dass
ein wenig Wärme
sich legte um
des Kindes Haupt
Wie sonst denn
hätte es so lächeln können
so sanft und rührend
wie wohl jedes Kind
lächelt wenn es geliebt
und doch ganz anders –
so wie Sternenwehn

und Sommertau
und Himmelslicht zugleich
So lächelt' dieses Kind
Und in Marien Antlitz
spiegelt's sich
Und selbst auf Josef
fiel ein matter Glanz
von diesem Lächeln
dass er staunend hob
die Hände vor's Gesicht
sie anzusehn als hätte
er noch nie die Hände angeschaut
– die eines Zimmermanns –
die kaum es wagten
dieses Kindes Haar
zu streicheln –
voller Angst – zu grob zu sein
Und doch – als nun
die Könige traten ein
in diesen lichtumstrahlten Stall
da wagte er's
und nahm des
Kindes Haupt
in seine groben
Zimmermannes-Hände
und drückte sacht
die Lippen ihm
auf's Haar
weil dieses Kind
doch auch
das seine
war

## Immanu-El

Ins Zeitendunkel ist die Nacht entschwunden,
In der ein Stern erstrahlte – klar und hell,
In der die Erd' dem Himmel neu verbunden,
In der geboren ward Immanu-El.

Zwar vieles könnte heut' nicht mehr geschehen:
Daß Hirten hören Engel-Lobgesang,
Daß heil'ge Könige zum Himmel sehen
Und folgen dann des neuen Sternes Gang.

Doch in der Flucht der Zeit bleibt unverloren
Das Ewige, das uns erschien in jener Nacht.
Von neuem wird das WORT in dir geboren,
Das einst im Stalle ward zur Welt gebracht.

Ja! Gott mit uns – nicht dort, in Himmelszelten
Und nicht in Sturmesweh'n, in Feuer nicht und Streit,
Und nicht in Fernen unerforschter Welten,
Und nicht im Nebel der Vergangenheit.

Nein: *hier* und *jetzt:* im eitlen Weltgetriebe,
Im trüben Lebensfluß, im Alltagstrott
Tönt froh die Botschaft uns: Die ew'ge Liebe
Hat Not und Tod besiegt: Mit uns ist Gott.

## Sage, wo ist Bethlehem?

Sage, wo ist Bethlehem?
Wo die Krippe? Wo der Stall?
Mußt nur gehen, mußt nur sehen –
Bethlehem ist überall.

Sage, wo ist Bethlehem?
Komm doch mit, ich zeig es dir!
Mußt nur gehen,
mußt nur sehen –
Bethlehem ist jetzt und hier.

Sage, wo ist Bethlehem?
Liegt es tausend Jahre weit?
Mußt nur gehen,
mußt nur sehen –
Bethlehem ist jederzeit.

Sage, wo ist Bethlehem?
Wo die Krippe? Wo der Stall?
Mußt nur gehen,
mußt nur sehen –
Bethlehem ist überall.

## Bethlehem

Wenn man absieht von allem,
was fromme Legende hinzutat,
Ochs, Esel, Hirten auf dem Feld,
Engel, den Stern, die Heiligen drei Könige,
Jungfräulichkeit und Theologie,
bleibt ein Ereignis,
das in der dritten Welt alle Tage vorkommt:
Irgendwo zwischen Delhi und Benares,
zwischen Bahia und Santiago,
zwischen Saigon und Danang.
Ohne ärztlichen Beistand, unterernährt,
nicht seßhaft und kaum, daß auf den Mann Verlaß ist,
bringt eine Frau ihr Kind zur Welt,
das lebt entweder oder stirbt mit der Mutter
noch im Kindbett, es siecht dahin,
verendet am Hunger oder an der Schwindsucht.

Von Zeit zu Zeit hat so ein Wurm Glück,
es lernt Krankenhaus und Schule kennen
und kriegt satt zu essen. Dann verkünden
die Weisen aus dem Morgenland: ein Mensch
ist Mensch geworden. Ziemlich sicher, daß er,
sollte er Ansprüche geltend machen,
bald mit den Mächtigen in Konflikt gerät,
man wird ihn erledigen, und Wenigermutige
werden ihn als Märtyrer feiern,
die Mörder werden seine Lebensgeschichte
                                  ausschmücken
bis sie wohnlich geworden ist und weihnachtlich.

JOHANNES BOBROWSKI

## Weihnachtsgetier

Ich hab eine Wut, sagt der Hahn,
ich will mein Idyll.
Lieber, sag ich, dann rett deinen Kamm
jetzt federn die Hühner.
Ach, ich sing nur, sagt er,
und ich in der Dämmerung früh
geh um das Haus, um den Wald
der Dachs
zieht seine Torkelspur.

Und kein Schnee.
Nur die Eule
mit Katzenlauten. Die Fichten
feucht. Auf den Nebeln
zittert das Licht.

Stroh
werden wir streun. Die Stille
sammeln unter das Dach,
einmal die Fenster
öffnen für einen Kerzentanz,
Ochs und Esel beschenken,
wir kennen da eine Geschichte,
die ist wie wir – eine große
Finsternis unter den Himmeln,
darin die Winter fahren
mit Flügeln rot, umglänzt
von silbernen Stimmen.

# Gesegnet sei die heilige Nacht

EDUARD MÖRIKE

## Die heilige Nacht

Gesegnet sei die heilige Nacht,
Die uns das Licht der Welt gebracht! –

Wohl unterm lieben Himmelszelt
Die Hirten lagen auf dem Feld.

Ein Engel Gottes, licht und klar,
Mit seinem Gruß tritt auf sie dar.

Vor Angst sie decken ihr Angesicht,
Da spricht der Engel: »Fürcht' euch nicht!

Ich verkünd euch große Freud:
Der Heiland ist euch geboren heut.«

Da gehn die Hirten hin in Eil,
Zu schaun mit Augen das ewig Heil;

Zu singen dem süßen Gast Willkomm,
Zu bringen ihm ein Lämmlein fromm. –

Bald kommen auch gezogen fern
Die heiligen drei König' mit ihrem Stern.

Sie knien vor dem Kindlein hold,
Schenken ihm Myrrhen, Weihrauch und Gold.

Vom Himmel hoch der Engel Heer
Frohlocket: »Gott in der Höh sei Ehr!«

## Vber die Geburt JEsu

NAcht / mehr denn lichte Nacht! Nacht! / lichter
als der Tag /
Nacht / heller als die Sonn' / in der das Licht geboren /
Das Gott / der Licht / in Licht wohnhafftig / ihm
erkohren:
O Nacht / die alle Nächt' und Tage trotzen mag!
O freudenreiche Nacht / in welcher Ach und Klag /
Vnd Finsternüß / und was sich auff die Welt
verschworen
Vnd Furcht und Höllen-Angst und Schrecken war
verlohren.
Der Himmel bricht! doch fällt nunmehr kein
Donnerschlag.
Der Zeit und Nächte schuff / ist dise Nacht
ankommen!
Vnd hat das Recht der Zeit / und Fleisch an sich
genommen!
Vnd unser Fleisch und Zeit der Ewigkeit vermacht.
Der Jammer trübe Nacht / die schwartze Nacht der
Sünden
Des Grabes Dunckelheit / muß durch die Nacht
verschwinden.
Nacht lichter als der Tag! Nacht mehr denn lichte
Nacht!

WILLI FÄHRMANN

## Der große Frieden

Manchmal stieg ein großer Frieden
leis und licht vom Himmelszelt,
wenn der Finger Gottes rührte
sanft und zärtlich an der Welt.

In des Paradieses Garten
spielt der Löwe mit dem Lamm
und der Atem Gottes machte
selbst die wilden Tiere zahm.

Tief im Bauch der Arche drinnen
fasst das Kind die Natter an,
doch es floss beim Lächeln Gottes
nicht das Gift aus ihrem Zahn.

Seit der Engel uns verkündet:
Gottes Sohn ist heut geborn,
Frieden soll auf Erden werden,
geht die Hoffnung nicht verlorn.

Hoffung auf den großen Frieden
unterm weiten Himmelszelt,
Finger Gottes, komm, berühre
unsre Herzen, unsre Welt.

JOCHEN KLEPPER

## Weihnachtslied

Und weil wir solches wissen, nämlich die Zeit, daß
die Stunde da ist, aufzustehen vom Schlaf: (sinte-
mal unser Heil jetzt näher ist, denn da wir gläubig
wurden; die Nacht ist vorgerückt, der Tag aber
nahe herbeigekommen): so lasset uns ablegen die
Werke der Finsternis und anlegen die Waffen des
Lichtes.

Die Bibel

Die Nacht ist vorgedrungen,
der Tag ist nicht mehr fern.
So sei nun Lob gesungen
dem hellen Morgenstern!
Auch wer zur Nacht geweinet,
der stimme froh mit ein.
Der Morgenstern bescheinet
auch deine Angst und Pein.

Dem alle Engel dienen,
wird nun ein Kind und Knecht.
Gott selber ist erschienen
zur Sühne für sein Recht.
Wer schuldig ist auf Erden,
verhüll' nicht mehr sein Haupt,
er soll errettet werden,
wenn er dem Kinde glaubt.

Die Nacht ist schon im Schwinden,
macht euch zum Stalle auf!

Ihr sollt das Heil dort finden,
das aller Zeiten Lauf
von Anfang an verkündet,
seit eure Schuld geschah.
Nun hat sich euch verbündet,
den Gott selbst ausersah!

Noch manche Nacht wird fallen
auf Menschenleid und -schuld.
Doch wandert nun mit allen
der Stern der Gotteshuld.
Beglänzt von seinem Lichte,
hält euch kein Dunkel mehr.
Von Gottes Angesichte
kam euch die Rettung her.

Gott will im Dunkel wohnen
und hat es doch erhellt!
Als wollte er belohnen,
so richtet er die Welt!
Der sich den Erdkreis baute,
der läßt den Sünder nicht.
Wer hier dem Sohn vertraute,
kommt dort aus dem Gericht!

## Die Nacht

Wie der Schnee fällt
in dieser Nacht,
als wollte das Wasser
die Erde tränken,
nicht ohne zuvor in anderer Form
den Himmel zu füllen
mit zärtlichen Tänzen.

Wie die Sterne funkeln
in dieser Nacht,
als wollte ihr Licht
mit dem Blau sich verweben,
ein Muster dem Mantel,
dem Zelt zu geben.

Wie die Luft schwirrt
in dieser Nacht,
als wollte sie singen,
als wollte sie tragen
hinaus in die Welt
mit Schwingen
das Wort.

NOVALIS

Fern im Osten wird es helle,
Graue Zeiten werden jung;
Aus der lichten Farbenquelle
Einen langen tiefen Trunk!
Alter Sehnsucht heilige Gewährung,
Süße Lieb in göttlicher Verklärung!

Endlich kommt zur Erde nieder
Aller Himmel selges Kind,
Schaffend im Gesang weht wieder
Um die Erde Lebenswind,
Weht zu neuen ewig lichten Flammen
Längst verstiebte Funken hier zusammen.

Überall entspringt aus Grüften
Neues Leben, neues Blut;
Ewgen Frieden uns zu stiften,
Taucht er in die Lebensflut;
Steht mit vollen Händen in der Mitte,
Liebevoll gewärtig jeder Bitte,

Lasse seine milden Blicke
Tief in deine Seele gehn,
Und von seinem ewgen Glücke
Sollst du dich ergriffen sehn.
Alle Herzen, Geister und die Sinnen
Werden einen neuen Tanz beginnen.

Greife dreist nach seinen Händen,
Präge dir sein Antlitz ein,
Musst dich immer nach ihm wenden,
Blüte nach dem Sonnenschein;
Wirst du nur das ganze Herz ihm zeigen,
Bleibt er wie ein treues Weib dir eigen.

Unser ist sie nun geworden,
Gottheit, die uns oft erschreckt,
Hat im Süden und im Norden
Himmelskeime rasch geweckt,
Und so lasst im vollen Gottes-Garten,
Treu uns jede Knosp und Blüte warten.


HERMANN HESSE


## Der Heiland

Immer wieder wird er Mensch geboren,
Spricht zu frommen, spricht zu tauben Ohren,
Kommt uns nah und geht uns neu verloren.

Immer wieder muß er einsam ragen,
Aller Brüder Not und Sehnsucht tragen,
Immer wird er neu ans Kreuz geschlagen.

Immer wieder will sich Gott verkünden,
Will das Himmlische ins Tal der Sünden,
Will ins Fleisch der Geist, der ewige, münden.

Immer wieder, auch in diesen Tagen,
Ist der Heiland unterwegs, zu segnen,
Unsern Ängsten, Tränen, Fragen, Klagen
Mit dem stillen Blicke zu begegnen,
Den wir doch nicht zu erwidern wagen,
Weil nur Kinderaugen ihn ertragen.


URSULA WÖLFEL

## Geboren ist das Kind zur Nacht

Geboren ist das Kind zur Nacht
für dich und mich und alle,
drum haben wir uns aufgemacht
nach Bethlehem zum Stalle.

Sei ohne Furcht, der Stern geht mit,
der Königsstern der Güte,
dem darfst du trauen, Schritt für Schritt,
daß er dich wohl behüte.

Und frage nicht und rate nicht,
was du dem Kind sollst schenken.
Mach nur dein Herz ein wenig licht,
ein wenig gut dein Denken,

mach deinen Stolz ein wenig klein,
und fröhlich mach dein Hoffen –
so trittst du mit den Hirten ein,
und sieh: die Tür steht offen.

JOHANN GOTTFRIED HERDER

## Weihnachtsgesang

Die ganze Menschheit freue sich!
Du, der Mensch bist, freue Dich!
Geboren ist der gute Hirt,
Der alle Völker weiden wird
  In Treu und Wahrheit.

Mit göttlich großem Königssinn
Gibt er sich zum Opfer hin;
Er nimmt auf sich die Last der Zeit;
Verachtung, Schmach, Undankbarkeit
  Erwarten seiner.

Doch Gottesgeist belebet ihn!
Jedem Frevler wird er kühn
Die Larv entreißen; suchen wird
Er das Verlorne, was verirrt
  Ist, wiederbringen.

Sein Zeichen ist die Dürftigkeit,
Menschenhuld sein Ehrenkleid,
Erbarmen ziehet ihn heran;
Der Völker Heil ist seine Bahn
  Zum Himmelsfrieden.

Drum singen froh willkommend ihm
Cherubim und Seraphim

Ihr »Ehre sei Gott in der Höh
Und Fried auf Erden! Leid und Weh
　　Wird Wohlgefallen!«

Wir stimmen der Willkommung ein:
Unser Hirte soll er sein
In Wahrheit und Gerechtigkeit,
In Unschuld, Lieb und Freundlichkeit
　　Und Menschengüte.

Wer unser arm Geschlecht entehrt,
Ist nicht dieses Königs wert;
Wer Menschen hasset und betrübt,
Nicht statt des Bösen Gutes gibt,
　　Ist sein nicht würdig.

O stimmt der Engel Glückwunsch bei:
»Fried auf Erden! Friede sei
Den Menschen!« So ist Gram und Leid
Verschwunden. Unser Herz erfreut
　　Sein Wohlgefallen.

## Die Weihe der Nacht

Nächtliche Stille!
Heilige Fülle,
Wie von göttlichem Segen schwer,
Säuselt aus ewiger Ferne daher.

Was da lebte,
Was aus engem Kreise
Auf ins Weitste strebte,
Sanft und leise
Sank es in sich selbst zurück
Und quillt auf in unbewusstem Glück.
Und von allen Sternen nieder
Strömt ein wunderbarer Segen,
Dass die müden Kräfte wieder
Sich in neuer Frische regen,
Und aus seinen Finsternissen
Tritt der Herr, soweit er kann,
Und die Fäden, die zerrissen,
Knüpft er alle wieder an.

WALTER HAUSER

## Heilige Nacht

Sterne wandern groß und klar
durch des Himmels dunkle Runde,
und aus eines Engels Munde
blüht die Botschaft wunderbar.
Sag, fällt dir das Freuen schwer?
Hat dein Herz zuviel erfahren?
Sieh, in großen Engelscharen
hält dein Hoffen Wiederkehr!

ALBRECHT GOES

## Die Stimmen der Anbetung

Wir suchen dich nicht.
Wir finden dich nicht.
Du suchst und Du findest uns,
Ewiges Licht.

Wir lieben Dich wenig,
Wir dienen Dir schlecht,
Du liebst und Du dienst uns,
Ewiger Knecht.

Wir eifern im Unsern
Am selbstischen Ort,
Du mußt um uns eifern,
Ewiges Wort.

Wir können Dich, Kind
In der Krippe, nicht fassen.
Wir können die Botschaft nur
Wahr sein lassen.

ACHIM VON ARNIM

## Weihnacht

Es klingt von aller Festlichkeit
Kein Ton in diese Einsamkeit,
Das ganze Land ist weiß verschneit,
Die Sonne zieht von hier so weit,
Und graue Wolken drängen dicht
Sich um das schwache Sternenlicht.

Kein Hirte weilt hier auf dem Feld
Sein Weiser sieht hier einen Stern,
Der blinde Glaub, ein tapfrer Held
Blickt doch zu dir dem ewgen Herrn,
Was auch die Welt ihm angetan
Es wird verschwinden wie ein Wahn.

Wer ihn gekränkt mit bitterm Hohn,
Ihm hat verziehen Gott der Sohn,
Wer ihn gestoßen von dem Thron
Wird bald ihm dienen ohne Lohn
Und wer die Kirche hat zerstört,
In ihren Trümmern sich bekehrt.

Zum Heiligtum wird jeder Stein
Und wo ich wandle ganz allein,
Da ziehts mich nieder mich zu weihn
Mit meinen Tränen heißer Pein,
Ja mich umgibt hier die Gemein
Und drängt sich her im Nebelschein.

Der Schnee zerschmilzt von dieser Höh
Die Fundament ich wieder seh,
Am Altar ich hier wieder steh
Den ich als Kind verließ mit Weh,
Und dieser fremde Pilgerchor,
Baut rings die neue Kirch empor.

Wo ist des Wahnes irre Macht
Wo ist das Dunkel dieser Nacht,
Es drang die Menschheit aus dem Schacht
Und trägt die unterirdsche Pracht
Zu diesem Bau voll Herrlichkeit
Mit Demant ist die Erd beschneit.

Vergeben und vergessen heißt
Der neuen Lehre tiefer Geist,
Die Flut sich vor dem Schiff enteist
Das dieser Sturm nach Morgen reißt

Ich bin der Hirt, der Weise auch
Seit mich ergriff der heilge Hauch.

Ich stehe an des Stalles Tür
Dass ich kann opfern nach Gebühr
Was ich im Namen aller führ
Daß ich die goldnen Saiten rühr
Und still des Kindleins Trauerschrein
Weil es sich sah so ganz allein.

Ja in dem Kinde wacht die Nacht,
Die uns erstrahlt und noch umwacht,
Es hat das Heil der Welt gebracht
O seht wie es nun strahlend lacht,
So wird die Sonne nun ein Bild
Von seinem Antlitz mächtig mild.

Wo ich in Einsamkeit verschneit
Umschließt mich nun Geselligkeit
Zum Gleichnis wird der Frühlingsschein
Zu dieses Kindleins Blicken rein
Es zeigt die holde Frühlingszeit
Doch nur die Welt in Freudigkeit.

## Weihnachten

Wenn herüber zu meinem Garten
Die alten Lieder tönen,
Der Pfeifer, die aus dem Gebirge kommend
Jeglich Marienbild mit Weisen grüßen,
So dünk ich mich in seltsame, ferne
Wunderzeiten entrückt,
Und alte Legenden, und himmlische Sehnsucht,
Zarte Lieb und große Erinnerung
Quellen aus den rauen, einfachen Tönen.
Tiefer, und inniger
Spricht der Frömmigkeit Wort
Die wunderliche Melodie,
Als in den Kirchen
Der neuen Künstler Wirrwarr,
Die alle Töne keck aufbieten
Um zu heucheln und zu grimassieren,
Und mit weltlichem Prunk
Das Heilige höhnen.

ERNST WIECHERT

## Auf eine Krippe

Komm nun wieder, stille Zeit,
Krippe, Stern und Kerzen,
will in allem Erdenleid
diese Welt verschmerzen.

Zwischen meinen Fingern rinnt
still der Sand des Lebens,
weiß nicht, was der Weber spinnt,
doch er spinnt vergebens.

Was wir vor uns auch gebracht,
Pflugschar rauscht darüber,
Fährmann steht am Saum der Nacht,
und es ruft: Hol über!

Kind und Stern und Dach und Tier,
so begann die Reise,
und so endet, dir wie mir
erste, letzte Speise.

Aus den Windeln lächelt's stumm
zu der Mutter Neigen,
Ochs und Esel stehn herum,
und die Sterne schweigen.

Schuld und Fehle rechnen nicht,
jedes Herz muß tragen;

scheine wieder, sanftes Licht,
wie in Kindertagen!

Tief darüber beug ich mich,
Gleichnis allen Lebens,
Ende fügt zum Anfang sich,
nichts scheint mehr vergebens.

Wenn sich jede Tür verschließt,
eins kannst du bewahren:
daß du vor der Liebe kniest
noch in weißen Haaren.

EUGEN ROTH

## Ein Gleichnis

Ein Mensch beäugt im halben Traum
Die Lichter still am Weihnachtsbaum.
Und Wehmut schleicht sich ihm ins Herze,
Wie Kerze niederbrennt um Kerze.
Oft sind es grad die starken, stolzen,
Die unverhofft hinweggeschmolzen.
Zuletzt sind sechse oder sieben
Als arme Stümpflein übrig blieben.
Der Mensch, nicht aberglaubenfrei,
Sucht eins, daß es das seine sei.
Hoch oben flackert eins und lischt,
Tief unten raucht eins und verzischt.

Ein drittes blau nach Luft noch schnappt –
Schon ist sein Wachs davongeschwappt.
Doch seines, wie's auch knisternd keucht,
Erhebt sich neu zu Goldgeleucht.
Die Schatten werden riesengroß –
Das eine – seine – hält sich bloß.
Ein letztes Tasten noch des Lichts –
Dann kommt das ungeheure Nichts.
Der Mensch entreißt sich seinem Wahn –
Und knipst die Deckenlampe an …

RAINER MARIA RILKE

## Geburt Christi

Hättest du der Einfalt nicht, wie sollte
dir geschehn, was jetzt die Nacht erhellt?
Sieh, der Gott, der über Völkern grollte,
macht sich mild und kommt in dir zur Welt.

Hast du dir ihn größer vorgestellt?

Was ist Größe? Quer durch alle Maße,
die er durchstreicht, geht sein grades Los.
Selbst ein Stern hat keine solche Straße.
Siehst du, diese Könige sind groß,

und sie schleppen dir vor deinen Schoß

Schätze, die sie für die größten halten,
und du staunst vielleicht bei dieser Gift –:
aber schau in deines Tuches Falten,
wie er jetzt schon alles übertrifft.

Aller Amber, den man weit verschifft,

jeder Goldschmuck und das Luftgewürze,
das sich trübend in die Sinne streut:
alles dieses war von rascher Kürze,
und am Ende hat man es bereut.

Aber (du wirst sehen): Es erfreut.


PAUL KONRAD KURZ

## Wie er auf die Welt kommt

Gott
sagt Bruder Michael
schreibt sein *ich*
klein
Sehen Sie
wie er auf die Welt
kommt

## Du bist der Tag

Du bist der Tag und das Licht über Sorgen
Du kleidest uns in den frühesten Morgen.
Aus deiner blassen Himmel Grauen
Willst du die neue Welt erbauen.
Du bist aus frierendem Vogelmunde
Die Süßigkeit einer Todesstunde
Du bist das Verlöschen des Mondes im Wasser,
Ein Sternenhirte und Allumfasser.
Was wollen die träumenden Lilien weinen?
Sie ranken sich in den Schoß der deinen.
Du bist der Schrei, der im Schlafe verklungen.
Die Finsternis hat die Sterne besungen.
Du bist das Seufzen der Kranken im Saale
Sie sehnen sich nach dem Abendmahle.
Du bist der Wind, der uns alle bewegt.
Du bist das Kind, das die Sonne trägt.

## Käme Er heute

Käme Er heute und machte es wie damals –
sähe es so aus?

In den Slums von East-Harlem –
Maria eine Neger-Mammie.
In den Gassen Palermos –
Josef heißt Salvatore.
Im Zelt der Besitzlosen jenseits des Jordan –
Gott, Bruder der Armen.

Elf Quadratmeter für jesusmariaundjosef
im siebenstöckigen Hochhaus
von Wong Tai Sin –
siebentausend Nachbarn sind Hirten unterm
gleichen Dach.

Mietpartei irgendwo im Revier:
Ach so, nur ein Zimmermann!
In einer Vorstadtbaracke, im Gleisdreieck,
in der Kolonie Rote Erde.

Längst ist vergessen:
Auch in Bethlehem gab's Wohnzimmer,
reichgedeckte Tische und Marmor.

Käme Er heute und machte es wie damals –
wie sähe Er aus?

ERICH FRIED

## Haus des Brotes

Der Stern über dem Haus
aber das Dach ist zerfallen

zerfressen
von den Strahlen des Sternes

oder zerbrochen
als man den Stern hinaufschoß

oder spröde geworden
von der Kälte der Nacht

und zersprungen
mit dem Knacken von Knochen

Beth-lehem: (hebr.) Haus des Brotes.

# Ihr Kinder herein!

(Zu einem Bilde.)

Das Glöcklein erklinget: Ihr Kinder herein!
Kommt alle, die Türe ist offen;
Da stehn sie geblendet vom goldigen Schein,
Von Staunen und Freude betroffen;
    Wie schimmert und flimmert von Lichtern der
                           Baum,
   Die Gaben zu greifen sie wagen's noch kaum,
   Sie stehn wie verzaubert in seligem Traum:
      So nehmt nur mit fröhlichen Händen,
      Ihr Kleinen, die köstlichen Spenden!

Und mächtig ertönen die Glocken im Chor,
Zum Hause des Herrn uns zu rufen,
Das Fest ist bereitet und offen das Tor:
Heran zu den heiligen Stufen!
   Und steht ihr geblendet vom himmlischen Licht
   Und fasst ihr das Wunder, das göttliche nicht:
   Ergreift was die ewige Liebe verspricht
      Und lasst euch den seligen Glauben,
      Ihr Kinder des Höchsten, nicht rauben!

Und hat er die Kinder nun glücklich gemacht,
Die großen so gut wie die kleinen,
Dann wandert der Engel hinaus in die Nacht,
Um andern zum Gruß zu erscheinen.

Am Himmel da funkeln die Sterne so klar,
Auf Erden da jubelt die fröhliche Schar,
So tönen die Glocken von Jahre zu Jahr,
   So klingt es und hallt es auch heute:
   O seliges Weihnachtsgeläute!

# Still erleuchtet jedes Haus

## Weihnachten

Markt und Straßen stehn verlassen,
Still erleuchtet jedes Haus,
Sinnend geh ich durch die Gassen,
Alles sieht so festlich aus.

An den Fenstern haben Frauen
Buntes Spielzeug fromm geschmückt,
Tausend Kindlein stehn und schauen,
Sind so wunderstill beglückt.

Und ich wandre aus den Mauern
Bis hinaus ins freie Feld,
Hehres Glänzen, heilges Schauern!
Wie so weit und still die Welt!

Sterne hoch die Kreise schlingen,
Aus des Schnees Einsamkeit
Steigt's wie wunderbares Singen –
O du gnadenreiche Zeit!

JOACHIM RINGELNATZ

## Weihnachten

Liebeläutend zieht durch Kerzenhelle,
Mild, wie Wälderduft, die Weihnachtszeit,
Und ein schlichtes Glück streut auf die Schwelle
Schöne Blumen der Vergangenheit.

Hand schmiegt sich an Hand im engen Kreise,
Und das alte Lied von Gott und Christ
Bebt durch Seelen und verkündet leise,
Dass die kleinste Welt die größte ist.


JOHANN WOLFGANG GOETHE

## Weihnachten

Bäume leuchtend, Bäume blendend,
Überall das Süße spendend,
In dem Glanze sich bewegend,
Alt und junges Herz erregend –
Solch ein Fest ist uns bescheret,
Mancher Gaben Schmuck verehret;

Staunend schaun wir auf und nieder,
Hin und her und immer wieder.

Aber, Fürst, wenn dir's begegnet
Und ein Abend so dich segnet,
Dass als Lichter, dass als Flammen
Vor dir glänzten allzusammen
Alles, was du ausgerichtet,
Alle, die sich dir verpflichtet:
Mit erhöhten Geistesblicken
Fühltest herrliches Entzücken.


ROBERT WALSER


Der Weihnachtsbaum

Was kümmert uns die kalte Nacht?
Es strahlt so lieblich in der Stube.
Da steht ein Bäumchen auf dem Tisch,
mit Silber und mit Gold geschmückt,
behängt mit lust'gen Leckereien,
und in den grünen Tannenzweigen
sind Kerzen, und die schimmern nun
beinah' wie Sterne, und nun geht
die Türe auf, es tritt herein
die wißbegier'ge Schar der Kinder,
sacht von den Eltern hergeführt.
Die zeigen und erklären ihnen
des Bäumchens leuchtende Erscheinung.
Sind da die Kinder nicht schier selig?
So was begreift sich ganz von selbst.

So zarte, reine, gute Seelen
sind fähig noch des schönsten Glückes.
Was kommt nun aber gänzlich Neues?
Das Weihnachtskindchen tritt herein,
die Zauberin, die holde Fee,
weiß wie der Schnee und süß wie Zucker
und gnädig wie ein überird'sches
Wesen, als hätt' sie eben noch
im Himmelreich sich aufgehalten
und käm' direkt vom lieben Gott,
und tut den Mund nun auf und spricht:
»Weil ihr das Jahr hindurch so folgsam
und artig und adrett gewesen,
nichts Sündliches begangen habt,
so geb' ich euch nun allerlei
Geschenke.« Damit führt sie sie
hin zu dem Baum und gibt jedwedem
das Seinige und lächelt, und
die Kinder tun es ebenfalls
und danken dann den lieben Eltern
für ihre Treu' und ihre Sorgfalt,
und diese küssen sie, so daß sie
allseitig sich in bestem Sinn
erfreuen und einander gut sind.
Welch heiliges und hohes Fest
und wunderliebliches Empfinden,
und während sie im kleinen Kreis
froh sind und um den Baum herum
die Angehörigkeit verkörpern,
läuten die Glocken durch die Welt,
daß überall, wo Menschen wohnen,
Lieb' und Vertraun lebendig werden.

Schlimm stünd's um uns, wenn solche Dinge
uns nichts bedeuteten, das aber
ist Gott sei Dank noch nicht der Fall. –

EDITH SCHREIBER-WICKE

## Katzenweihnacht

Glitzerfäden
fein zu fangen,
auch zu fressen?
weiß nicht recht,
mir wird schlecht.
Bunter Ball an Silberschnur
hängt am Baum,
bleibt er dort?
glaub ich kaum.
Kann er hüpfen?
kann er nicht,
rollt ein Stück
und zerbricht.
Kletterbaum mit grünen Nadeln,
Stern im Wipfel
nickt noch sacht,
bin jetzt müde,
Stille Nacht.

THEODOR FONTANE

## An Emilie

Gekommen ist der Heilge Christ
Die ganze Stadt voll Lichter ist;
Auch unsre sollen brennen.
Die Sorgen weg und zünde an,
Ich will derweil, so gut ich kann,
Dir meine Wünsche nennen.

Empfang zuerst ein Strumpfenband,
Das ich für dreißig Pfengk erstand
Bei Fonrobert im Laden,
Ich wünsche dir, geliebtes Weib,
Bald wieder einen dünnern Leib
Und etwas dickre Waden.

Empfang alsdann ein Kontobuch,
Fürs Credit ist es groß genug,
Fürs Debet etwas kleine.
Indes, es heißt ja: »rund die Welt«,
Der Beutel wird mal wieder Geld
Und hilft uns auf die Beine.

Und drum zuletzt den heißen Wunsch,
Dass unsres Schicksals dicker Flunsch
Bald hübschren Zügen weiche,
Und dass ein bißchen Sonnenschein
Zieh wieder endlich bei uns ein
Und unser Herz beschleiche.

ROSE AUSLÄNDER

## New Yorker Weihnachten

In erträumten Türmen
läuten Glocken Mirakel

Läden fiebern
aus Drehtüren rollen Lieder
in den Tumult

Tannen lächeln
elektrische Liebe

Taube weihnachtsweiß
deine Botschaft
in welchem Reich
freundlich aufgenommen
auf welcher Tanne wächst
dein Gefieder

Die verschollenen Könige
kommen heute nach New York
mit magischen Geschenken
Sie pilgern nach Harlem
zu den Spirituals
verbrüdern sich im Hafen
mit der Mannschaft gescheiterter Schiffe
verloben sich in der Bar
mit Branntweinbräuten

In imaginären Türmen
läuten Glocken Mirakel

PAUL HEYSE

## Eine Weihnachtsepistel

Du neidest mich mit deinem gönnenden
Selbstlosen Neide, Freund, um all den Zauber
An Farb und Licht und immergrünem Flor
Des Winters hier im Süden. Einzig nur,
Dass es um Weihnacht uns an Schnee und Eis
Und Schlittenbahn gebricht, »was doch durchaus
Gehört zu einem *richtigen* heilgen Christ«,
Müss' ich wohl auch beklagen.
                          Freilich war's
Mir selbst verwunderlich, als frühe schon
Die heilge Nacht vom klaren Firmament
Herabsank und ich hoch am Bergeshang
Hinschlendernd auf den See herniedersah, –
Weitum der Ufer reingeschwungner Ring,
Der einer edlen Silberschale gleich
Die dunkle Flut umfasste, – dass mich noch
So lind die Luft umspielte, wie bei euch
Im Mai, und dachte: Heut ist Heiligabend;
Heut flockt vielleicht der Schnee in dichtem Schwarm
Auf Münchens Gassen, oder schneit es nicht,
So heult ein rauer Winterwind mit Macht
Weit vom Gebirg daher, dass, die verspätet
Noch unterwegs sind, ihre roten Nasen
Tief in den Kragen stecken und trotzdem
Den trefflichsten Katarrh nach Hause bringen. –
Nun, ländlich sittlich. Auch ein Schnupfen wohl
Gehört zu einem »richtigen« Weihnachtsfest,
Und mit Sylvesterpunsch kuriert man ihn.

Mich aber dünkt, die *erste* Weihnacht, die
Historische, hat von Katarrhen nichts
Und Sturm und Schnee gewusst. Lag doch, gehüllt
In leichte Windeln nur, im offnen Stall
Das liebe Christkind. Und die Hirten, die
Des Engels Botschaft hörten, ihre Herden
Auf freiem Felde hütend bei der Nacht,
Sie krochen frierend nicht in dumpfe Hütten,
Denn lau und lieblich war die Luft. Auch ragt'
Ein Lorbeer wohl hoch an des Stalles Mauer
Und strömte seinen Duft aufs Kripplein nieder,
Noch ehe die drei Könige mit Weihrauch
Und Myrrhen kamen. Eines Palmbaums Krone
War ausgebreitet als ein Baldachin
Zum Schirm der dürftgen Wiege. Drinnen aber
Das Himmelskind bedurfte wahrlich nicht
Der goldnen Kerzchen unsrer Weihnachtstannen.
Denn in der Nacht des Südens funkelte,
Geschart um jenen Leitstern, das Gewimmel
Der Goldgestirne – fast wie überm See
Sie heut erglänzen, wo aus tiefem Blau
Sie nach und nach aufglimmen, während rings
Geläut ertönt – meinst du nicht doch, man könn'
Auch ohne Schnee und Eis an dieser Stätte
Die *richtige* Weihnacht feiern? – – –

CONRAD FERDINAND MEYER

## Weihnacht in Ajaccio

Reife Goldorangen fallen sahn wir heute, Myrte
blühte,
Eidechs glitt entlang der Mauer, die von Sonne glühte.

Uns zu Häupten neben einem morschen Laube flog
ein Falter –
Keine herbe Grenze scheidet Jugend hier und Alter.

Eh das welke Blatt verweht ist, wird die Knospe neu
geboren –
Eine liebliche Verwirrung, schwebt der Zug der
Horen.

Sprich, was träumen deine Blicke? Fehlt ein Winter dir,
ein bleicher?
Teures Weib, du bist um einen lichten Frühling
reicher!

Liebst du doch die langen Sonnen und die Kraft und
Glut der Farben!
Und du sehnst dich nach der Heimat, wo sie längst
erstarben?

Horch! durch paradieseswarme Lüfte tönen
Weihnachtsglocken!
Sprich, was träumen deine Blicke? Von den weißen
Flocken?

## Weihnacht

In allen Häusern ist schon Licht.
Hingegen in den Hauptessachen: Dunkelheit.
Unhörbar, was die Nacht verspricht
an kurzer Freude und an langem Leid.

Was hier als Zeichen in der Wiege ruht,
Jahrhundert um Jahrhundert fromm verehrt:
Ein bißchen Fleisch und Bein und Blut
ist allemal auch uns beschert.

Doch alles Feiern gilt dem einen Kind,
das später einmal unter Foltern stirbt.
Trotz allem Licht: Wir bleiben blind:
Auf das uns nichts den Appetit verdirbt.

BERTOLT BRECHT

## Weihnachtslegende

### 1

Am Heiligen Abend heut
Sitzen wir, die armen Leut
In einer kalten Stube drin
Der Wind geht draußen und geht herin.
Komm, lieber Herr Jesus, zu uns, sieh an:
Weil wir dich wahrhaft nötig han.

### 2

Wir sitzen heute so herum
Als wie das finstere Heidentum
Der Schnee fällt kalt auf unser Gebein
Der Schnee will unbedingt herein.
Komm, Schnee, zu uns herein, kein Wort:
Du hast im Himmel auch kein Ort.

### 3

Wir brauen einen Branntewein
Dann wird uns leicht und wärmer sein
Einen heißen Branntewein brauen wir
Um unsere Hütt tappt ein dick Tier.
Komm, Tier, zu uns herein nur schnell:
Ihr habt heut auch keine warme Stell.

Wir tun ins Feuer die Röck hinein
Dann wird's uns allen wärmer sein
Dann glüht uns das Gebälke schier
Erst in der Früh erfrieren wir.
Komm, lieber Wind, sei unser Gast
Weil du auch keine Heimat hast.


OTTO JÄGERSBERG


Herr Jesu

Am Heiligen Abend
laden wir einen Nachbarn
den das Jahr über
unauffällig lebenden
Herrn Jesu
zum Festmahl

Ein bescheidener Esser
trinkt grad
drei Schlückchen Wein
redet dafür aber
flaschenweis

Begebenheiten
aus einem langen
Streunerleben

mit naiven Schlußfolgerungen
für die Kinder
ganz lehrreich

Bevor er
richtig loslegt
wider Besitz und Handel
übers Familienleben herzieht
und die Anarchie verherrlicht
drehn wir den Kindern
die Weihnachtssendung
im Fernsehen an

Wir gönnen
dem einsamen Mann
seine Reden
einmal im Jahr

Weil er kein Ende findet
machen wir noch mal den Baum an
er singt zwar nicht mit
wir denken
es rührt ihn
doch

## suchaktion

wo ihr sucht
werdet ihr ihn nicht finden
eure krippen sind zu komfortabel
und eure armut ist zu anspruchsvoll
ihr habt die hirten aus dem stall vertrieben
und die geschenke der weisen an euch genommen
aus der absteige habt ihr ein appartement gemacht
und dabei übersehen
dass er längst in einen anderen stall gelegt wurde
aber ställe sind euch zu schmutzig

ihr müsst euch auf den weg machen
nach südafrika und el salvador
zu den alten und asozialen
in die konzentrationslager und krankenhäuser
die einzigen engel die dort singen können
seid ihr
und für die wärme müsst ihr schon selber sorgen
dann werdet ihr sehen wo er wirklich liegt
und ihm das geben was er wirklich braucht
er hat zu viele gesichter
als dass ihr ihn nicht kennen könnt
wo ihr ihn aber jetzt sucht
werdet ihr ihn nicht finden

## Weihnachten

Ich gehe ja fast nie in die Kirche.
Was heißt fast?
Ich gehe nie.
Nie, außer zu Weihnachten.
Gehört irgendwie dazu.
Ein bißchen Tradition …
Ein bißchen guten Willen zeigen, falls es Gott
doch gibt.
Naja. Hauptsache die Nachbarn und Bekannten
sehen mich.
Mich und meine Familie.
Ich muß sagen, meine Frau und meine Kinder
sehen richtig gut aus.
Ich natürlich auch.
Ich bin gespannt, was meine Frau zu dem neuen
Pelz sagt,
was meine Kinder zu den neuen Fahrrädern sagen.

»Wir bitten für die Armen, Kranken, Einsamen …«

Gedankenverloren:
Für wen?
Was ich wohl von meiner Frau bekomme?

T. S. ELIOT

## Die Veredelung von Weihnachtsbäumen

Es gibt verschiedne Haltungen Weihnachten
                              gegenüber,
Von denen wir einige ignorieren dürfen:
Die soziale, die apathische, die unverhohlen
                              kommerzielle,
Die rüpelhafte (die Pubs bleiben bis Mitternacht
                              geöffnet)
Und die kindische – die nicht die jenes Kindes ist,
Für das das Kerzenlicht ein Stern, der goldne Engel
Mit gespreizten Schwingen hoch auf der Spitze eines
                              Baums
Nicht nur Verzierung ist, sondern ein Engel.
Das Kind wie es den Weihnachtsbaum bewundert:
Laßt es so fortfahrn in dem Geist des Wunders
Bei diesem Fest, als dem, das nicht als Vorwand gilt;
So daß das glitzernde Entzücken, das gewaltige
                              Bestaunen
Des jung erblickten ersten Weihnachtsbaums,
So daß die Überraschungen, die Freude über neues
                              Eigentum
(Ein jedes mit besonderem und faszinierendem
                              Geruch),
Die freudige Erwartung auf Puter oder Gans
Und das erwartete Staunen bei ihrer Ankunft,
So daß die Ehrfurcht und die Lustigkeit
In späterer Erfahrung nicht vergessen wird
In einförmiger Langeweile, Gewöhnung und Strapaze,

Dem Wissen um Tod und dem Wissen ums Scheitern,
Oder in des Bekehrten Frömmigkeit,
Die unrein werden kann von Eitelkeit,
Beleidigend vor Gott und rücksichtslos gegen die
                                    Kinder
(Und hier erinnere ich auch mit Dankbarkeit
Die Heilige Lucia, ihr Lied und ihre Feuerkrone):
So daß vorm Schluß, beim achtzigsten Weihnachtsfest,
(Mit ›achtzig‹ meine ich das letzte, irgendeines)
Die angesammelten Erinnerungen an jährliches Gefühl
Zusammengehn in eine übergroße Freude,
Die ebenso aus großer Angst besteht – wie damals,
Als Angst in jede Seele trat:
Weil jeder Anfang uns ans Lebensende denken lassen
                                    soll,
Das Erste Kommen an das Zweite.

THEODOR STORM

Weihnachtsabend

Die fremde Stadt durchschritt ich sorgenvoll,
Der Kinder denkend, die ich ließ zu Haus.
Weihnachten war's; durch alle Gassen scholl
Der Kinderjubel und des Markts Gebraus.

Und wie der Menschenstrom mich fortgespült,
Drang mir ein heiser Stimmlein in das Ohr:

»Kauft, lieber Herr!« Ein magres Händchen hielt
Feilbietend mir ein ärmlich Spielzeug vor.

Ich schrak empor, und beim Laternenschein
Sah ich ein bleiches Kinderangesicht;
Wes Alters und Geschlechts es mochte sein,
Erkannt ich im Vorübertreiben nicht.

Nur von dem Treppenstein, darauf es saß,
Noch immer hört ich, mühsam, wie es schien:
»Kauft, lieber Herr!« den Ruf ohn Unterlass;
Doch hat wohl keiner ihm Gehör verliehn.

Und ich? – War's Ungeschick, war es die Scham,
Am Weg zu handeln mit dem Bettelkind?
Eh meine Hand zu meiner Börse kam,
Verscholl das Stimmlein hinter mir im Wind.

Doch als ich endlich war mit mir allein,
Erfasste mich die Angst im Herzen so,
Als säß mein eigen Kind auf jenem Stein
Und schrie nach Brot, indessen ich entfloh.

JOACHIM RINGELNATZ

## Einsiedlers Heiliger Abend

Ich hab in den Weihnachtstagen –
Ich weiß auch, warum –
Mir selbst einen Christbaum geschlagen,
Der ist ganz verkrüppelt und krumm.

Ich bohrte ein Loch in die Diele
Und steckte ihn da hinein
Und stellte rings um ihn viele
Flaschen Burgunderwein.

Und zierte, um Baumschmuck und Lichter
Zu sparen, ihn abends noch spät
Mit Löffeln, Gabeln und Trichter
Und anderem blanken Gerät.

Ich kochte zur heiligen Stunde
Mir Erbsensuppe mit Speck
Und gab meinem fröhlichen Hunde
Gulasch und litt seinen Dreck.

Und sang aus burgundernder Kehle
Das Pfannenflickerlied.
Und pries mit bewundernder Seele
Alles das, was ich mied.

Es glimmte petroleumbetrunken
Später der Lampendocht.

Ich saß in Gedanken versunken.
Da hat's an die Türe gepocht,

Und pochte wieder und wieder.
Es konnte das Christkind sein.
Und klang's nicht wie Weihnachtslieder?
Ich aber rief nicht: »Herein!«

Ich zog mich aus und ging leise
Zu Bett, ohne Angst, ohne Spott,
Und dankte auf krumme Weise
Lallend dem lieben Gott.


KURT TUCHOLSKY


Groß-Stadt – Weihnachten

Nun senkt sich wieder auf die heim'schen Fluren
die Weihenacht! die Weihenacht!
Was die Mamas bepackt nach Hause fuhren,
wir kriegens jetzo freundlich dargebracht.

Der Asphalt glitscht. Kann Emil das gebrauchen?
Die Braut kramt schämig in dem Portemonnaie.
Sie schenkt ihm, teils zum Schmuck und teils zum
                                        Rauchen,
den Aschenbecher aus Emalch glasé.

Das Christkind kommt! Wir jungen Leute lauschen
auf einen stillen heiligen Grammophon.
Das Christkind kommt und ist bereit zu tauschen
den Schlips, die Puppe und das Lexikohn.

Und sitzt der wackre Bürger bei den Seinen,
voll Karpfen, still im Stuhl, um halber zehn,
dann ist er mit sich selbst zufrieden und im reinen:
»Ach ja, son Christfest is doch ooch janz scheen!«

Und frohgelaunt spricht er vom ›Weihnachtswetter‹,
mag es nun regnen oder mag es schnein.
Jovial und schmauchend liest er seine Morgenblätter,
die trächtig sind von süßen Plauderein.

So trifft denn nur auf eitel Glück hienieden
in dieser Residenz Christkindleins Flug?
Mein Gott, sie mimen eben Weihnachtsfrieden …
»Wir spielen alle. Wer es weiß, ist klug.«

MAX HERRMANN-NEISSE

## Weihnachtslied

(unter Benutzung von Kirchenchoral und Modecouplet)

»Stille Nacht, heilige Nacht« –
Haben Sie Dollars, tschechische Kronen?
In den Schaufenstern ballt sich die Pracht:
Würste, Schokladen, Liköre, Melonen,
Pelze, Juwelen, unendliche Fracht,
Nippes und Luxuskinkerlitzchen,
alles schläft, einsam wacht
morgen damit unterm Christbaum zu sitzen
über den Kursen das traute Paar:
Staatskokotte und Kapitalist.
Wir sind die Stützen, wir feiern in bar
den Heiligen Christ!
Des laßt uns alle fröhlich sein
und mit den Hirten gehn hinein
ins Hotel zur Nachtigall
und zum weißen Rinde,
der Dollarstern steht überm Stall
und unsrer Sektpfropfen Geknall
gilt dem schönen Kinde.
(Jazzband): Es ist ein weiter Weg
zum Christ der Armen,
der riecht nach Revolution,
mein Gott ist Privileg
und hält im Warmen
die Führer der Nation! (Echo: Hohn – Hohn – Hohn –)
Für uns wird alles,

wie's kommt, gereichen
zum Besten des Profits,
wir schreien: Dalles!
um über Leichen
zu setzen kühnen Ritts!

»Stille Nacht, heilige Nacht«:
mein Zimmer ist eisig, ich hab keine Kohlen,
am Güterbahnhof hielten sie Wacht,
als ich mir den Abfall wollte holen,
ich hätte die Weihnachtsfreude gemacht
den Meinen mit einer warmen Stube,
nun schlafen wir morgen, wenn alles wacht,
im Kalten – mein Weib und ich und mein Bube,
um vier Uhr wird's dunkel, teuer ist Gas,
aus der Beletage klingt der Choral,
uns orgelt im Bauche der Schwarzbrotfraß,
freut euch Christen allzumal!
Der Sammet und die Seiden dein
das ist grob Heu und Windelein
du zukünftiger Menschensohn
meiner Elendsklasse.
Vater kriegt den Hungerlohn
und der Geldwanst hockt zum Hohn
weiter an der Kasse.                    [Zeichen recht,
(Abgesang, von Martin Luther): »So merket nun die
die Krippen, Windelein so schlecht,
da findet ihr das Kind gelegt,
das alle Welt erhält und trägt.«
(Fortsetzung:) Hört *nicht* auf solche Trostschalmein,
*dann* wird euch Weihnacht schöner sein,
der alle Welt trägt und erhält,
der Stand wird dann der Herr der Welt!

196

## Die Weihnachtsfeier des Seemanns
## Kuttel Daddeldu

Die Springburn hatte festgemacht
Am Petersenkai.
Kuttel Daddeldu jumpte an Land,
Durch den Freihafen und die stille heilige Nacht
Und an dem Zollwächter vorbei.
Er schwenkte einen Bananensack in der Hand.
Damit wollte er dem Zollmann den Schädel spalten,
Wenn er es wagte, ihn anzuhalten.
Da flohen die zwei voreinander mit drohenden Reden.
Aber auf einmal trafen sich wieder beide im König von
                        Schweden.

Daddeldus Braut liebte die Männer vom Meere,
Denn sie stammte aus Bayern.
Und jetzt war sie bei einer Abortfrau in der Lehre,
Und bei ihr wollte Kuttel Daddeldu Weihnachten
                        feiern.

Im König von Schweden war Kuttel bekannt als
                        Krakehler.
Deswegen begrüßte der Wirt ihn freundlich:
                        »Hallo old sailer!«
Daddeldu liebte solch freie herzhafte Reden,
Deswegen beschenkte er gleich den König von
                        Schweden.

Er schenkte ihm Feigen und sechs Stück Kolibri
Und sagte: »Da nimm, du Affe!«
Daddeldu sagte nie »Sie«.
Er hatte auch Wanzen und eine Masse
Chinesischer Tassen für seine Braut mitgebracht.

Aber nun sangen die Gäste »Stille Nacht, Heilige
                              Nacht«,
Und da schenkte er jedem Gast eine Tasse
Und behielt für die Braut nur noch drei.
Aber als er sich später mal darauf setzte,
Gingen auch diese versehentlich noch entzwei,
Ohne dass sich Daddeldu selber verletzte.

Und ein Mädchen nannte ihn Trunkenbold
Und schrie: Er habe sie an die Beine geneckt.
Aber Daddeldu zahlte alles in englischen Pfund in
                              Gold.
Und das Mädchen steckte ihm Christbaumkonfekt
Still in die Taschen und lächelte hold
Und goss noch Genever zu dem Gilka mit Rum in den
                              Sekt.
Daddeldu dachte an die wartende Braut.
Aber es hatte nicht sein gesollt,
Denn nun sangen sie wieder so schön und so laut.
Und Daddeldu hatte die Wanzen noch nicht verzollt,
Deshalb zahlte er alles in englischen Pfund in Gold.

Und das war alles wie Traum.
Plötzlich brannte der Weihnachtsbaum.
Plötzlich brannte das Sofa und die Tapete,

Kam eine Marmorplatte geschwirrt,
Rannte der große Spiegel gegen den kleinen Wirt.
Und die See ging hoch und der Wind wehte.

Daddeldu wankte mit einer blutigen Nase
(Nicht mit seiner eigenen) hinaus auf die Straße.
Und eine höhnische Stimme hinter ihm schrie:
»Sie Daddel Sie!«
Und links und rechts schwirrten die Kolibri.

Die Weihnachtskerzen im Pavillon an der
                              Mattentwiete erloschen.
Die alte Abortfrau begab sich zur Ruh.
Draußen stand Daddeldu
Und suchte für alle Fälle nach einem Groschen.
Da trat aus der Tür seine Braut
Und weinte laut:
Warum er so spät aus Honolulu käme?
Ob er sich gar nicht mehr schäme?
Und klappte die Tür wieder zu.
An der Tür stand: »Für Damen«.

Es dämmerte langsam. Die ersten Kunden kamen,
Und stolperten über den schlafenden Daddeldu.

KLAUS PETER SCHREINER

## Der Weihnachtsbaum spricht

Von drauß vom Walde komm' ich nicht,
sonst wär' mein Nadelkleid mehr licht
und nicht von solcher grünen Wucht –
ich komm von drauß aus einer Zucht,
wo man uns Fichten routiniert
auf Weihnacht hin domestiziert,
damit wir dann im Lichterglanz,
bestückt mit buntem Firlefanz,
mit Engelshaaren zart verziert,
von Weihnachtsliedern malträtiert,
verloren in der Ecke stehn
und alles ruft: »Ach, ist der schön!«
Da hat man ja nun nichts dagegen,
man bleibt verschont vorm sauren Regen
und hat es trocken, wohlig warm,
die Leut' sind freundlich und voll Charme,
nur Eintracht herrscht und Harmonie
und Friede bis zur Idiotie –
die Menschen werden immer bräver,
das fürcht' ich mehr als Borkenkäfer.
Das geht so gut bis nach Neujahr,
dann kräuselt sich das Engelshaar,
und eines Tags wird man getadelt,
weil man schon vor Dreikönig nadelt.
Dann plötzlich wird man vorgerückt,
von rohen Händen abgeschmückt,
vors Haus gestellt, wo's frostig nieselt,
von Hunden wird man angebieselt,

mit ganz profanem Müll verwechselt
und von der Müllabfuhr zerhäckselt.
Drum wär ich lieber – wenn's denn sei –
im nächsten Leben ein Bonsai.


THORALF SCHIRMER


## Tag der Gans

Wir fuhren nach diesem Heiligen Abend
auf eisglatten Straßen
durch schneeleeren Wald,
nach Lücken in der Erinnerung grabend,
Familien-Bruchstücke,
ein paar Jahre alt.

Wir luden vom Rücksitz Geschenke in Tüten,
so hübsch
in so schlechtes Gewissen verpackt,
umarmten uns, ließen uns Küsse vergüten,
Großmutters Tranchiergabel
klopfte den Takt.

Dann saßen wir wieder und hoben Bestecke
der Mastgans entgegen,
dem Rehrücken auch.
Der Tisch hatte sieben Meißner Gedecke,
die Gans nur fünf Beine,
aber Äpfel im Bauch.

Wir sprachen vom Stress, mit sich füllenden Backen,
betrauerten
witzelnd ein weiteres Jahr
und ließen uns noch mal die Teller voll packen.
Im Weinglas schwamm Grünkohl,
der fettäugig war.

Wir lauschten den Liedern von kratzenden Platten,
der Enkel verzog sich
mit einer CD,
und als wir den Kaffee hinter uns hatten,
fiel draußen vorm Fenster
noch immer kein Schnee.

Dann kamen die Flaschen mit Whisky und Weinbrand,
der Enkel
durfte nur Eierlikör
und schüttete den auch noch über den Einband
der Bibel, wir lachten,
ein kleines Malheur.

Wer keinen Schnaps hatte, der drängte zum Gehen,
sonst würden
politische Reden geführt.
Das hatte die Großmutter kommen sehen
und Aufschnitt und Kuchen
in Päckchen geschnürt.

Wir fuhren nach diesem festlichen Tage
auf eisglatten Straßen
durch schneeleeres Land,
im Kopf eine immer noch offene Frage,
für die sich keine
Gelegenheit fand.

HEINZ ERHARDT

## Die Weihnachtsgans

Tiefgefroren in der Truhe
liegt die Gans aus Dänemark.
Vorläufig läßt man in Ruhe
sie in ihrem weißen Sarg.

Ohne Bein, Kopf und Gekröse
ruht sie neben dem Spinat.
Ob sie wohl ein wenig böse
ist, daß man sie schlachten tat?

Oder ist es doch zu kalt ihr?
Man sieht's an der Gänsehaut …
Nun, sie wird bestimmt nicht alt hier:
morgen wird sie aufgetaut.

Hm, welch Duft zieht aus dem Herde
durch die ganze Wohnung dann!
Macht, daß gut der Braten werde,
morgen kommt der Weihnachtsmann!

## Der Weihnachtsabend des Kellners

Aller Welt dreht er den Rücken,
und sein Blick geht zu Protest.
Und dann murmelt er beim Bücken:
»Ach, du liebes Weihnachtsfest!«

Im Lokal sind nur zwei Kunden.
(Fröhlich sehn die auch nicht aus.)
Und der Kellner zählt die Stunden.
Doch er darf noch nicht nach Haus.

Denn vielleicht kommt doch noch einer,
welcher keinen Christbaum hat,
und allein ist wie sonst keiner
in der feierlichen Stadt. –

Dann schon lieber Kellner bleiben
und zur Nacht nach Hause gehn,
als jetzt durch die Straßen treiben
und vor fremden Fenstern stehn!

ROBERT GERNHARDT / BERND EILERT /
PETER KNORR

## Gedicht

Unterm Weihnachtsbaum zu sprechen

Zu Weihnachten, da sitzen wir
vorm Fernseher und trinken Bier.
Mama, die ist als erste blau
und kotzt schon vor der Tagesschau.
Dann tragen wir die Tante raus,
sie hält den Knabenchor nicht aus.
Und sofort nach dem Filmbeginn
schlägt längelang der Onkel hin.
Wenn dann die Spannung langsam steigt,
sich auch Papa zur Seite neigt.
Sein Kopf ruht auf dem Schlummerkissen,
da will's auch Vetter Alfred wissen.
Er sagt noch einmal »Frohes Fe…«
und fällt dann dumpf vom Kanapee.
Die Kinder aber freuen sich
und rufen: »Jetzt wird's weihnachtlich!
Nun herrschet Friede hier im Haus.
Los Oma, hol die Schnäpse raus!«

## Stoßseufzer

Am Weihnachtsonntag kam er zu mir,
In Jack und Schurzfell, und roch nach Bier
Und sprach zwei Stunden zu meiner Qual
Von Zinsen und von Kapital;
Ein Kerl, vor dem mich Gott bewahr!
Hat keinen Festtag im ganzen Jahr.


CARL ZUCKMAYER

## Ein nie vorher gesehener Stern

Manchmal des Nachts, wenn ich die Öfen schürte,
Sah ich durchs Fenster, nah und weltenfern,
So jäh, als ob mich eine Hand berührte,
Den nie vorher gesehenen Stern.

Er sprang und zuckte grün in kaltem Feuer –
So groß war nie ein Licht, und kein Planet.
Mein Blick war blind davon, und ungeheuer
Erschrak mein Herz, und fand nicht zum Gebet.

Hob dann die Lider ich, war er verschwunden.
War es ein Zeichen? War's ein Ruf des Herrn?
Ich frage nicht. Doch hält mich tief gebunden
Der nie vorher gesehene Stern.

## Der Weihnachtsstern

Mögt ihr auch in die allerfernste Ferne,
die flimmernde, des Weltenraumes spähn,
ihr könnt nur Sterne, immer neue Sterne,
doch nirgends könnt ihr meinesgleichen sehn.

Ich komme aus der andern Welt und Zeit
zufolge Gottes deutender Gebärde
und ziehe über Bethlehems Gebreit
und über all die Traurigkeit der Erde.

Denkt nicht, ich wäre schon, ich selbst, das Licht.
Das Licht ist unbegreiflich eins und keins.
Ich bin, der sich im Erdendämmer bricht,
der Schein nur, nur der Widerschein des Scheins,

ein Zeichen nur in dieser Nacht und Stille.
Vielleicht daß einer, der mich sieht, sich bang
erhebt und aufbricht und aus seiner Fülle
ins Ungewisse geht sein Leben lang.

# Gleich hinter Weihnachten

## Gleich hinter Weihnachten

Endlich, die Töchterlein schlafen,
Die Älteste redet im Traum,
Da entzünde ich – keiner sieht es –
Noch einmal die Kerzen am Baum.
Ist wieder Heiliger Abend
Und ganz für mich allein,
Und es scheint der Silvestervollmond
Durch die Eisblumenfenster herein.

Aufleuchten alle: der Engel,
Und der Stern im dunkelen Gold,
Ringsum die gläsernen Kugeln,
(so habens die Töchter gewollt) –
Apfel aber bei Apfel
Vor lauter Leben prahlt,
Und sieh, den Tannenzapfen
Hat silbern die Jüngste bemalt.

Ein Zweig – und der soll knistern,
Ein Zweig, und wärs der kleinst,
Schon duftet das ganze Zimmer
Nach nichts als nur nach Einst.
Wenn jetzt die Kinder herschauten,
– regt sichs nicht nebenan? –
Was würden sie denken und sagen
Von mir, dem nachteinsamen Mann?

Bin beides und beides in einem:
So Vater und so Kind.
Vergessen sind die Jahre,
Die eh vergangen sind.
Herein denn, du Brummbär auf Rädern,
Und oben setz mich drauf –
Liebe Mutter, und tu mir noch einmal
Die erste Türe auf!

HUGO VON HOFMANNSTHAL

## Weihnacht

Weihnachtsgeläute
Im nächtigen Wind …
Wer weiß, wo heute
Die Glocken sind,
Die Töne von damals sind?

Die lebenden Töne
Verflogener Jahr',
Mit kindischer Schöne
Und duftendem Haar,
Und tannenduftigem Haar,

Mit Lippen und Locken
Von Träumen schwer? …
Und wo kommen die Glocken

Von heute her,
Die wandernden heute her?

Die kommenden Tage,
Die wehn da vorbei. –
– Wer hört's, ob Klage,
Ob lachender Mai
Ob blühender, glühender Mai?


HERMANN HESSE

## In Weihnachtszeiten

In Weihnachtszeiten reis' ich gern
Und bin dem Kinderjubel fern
Und geh in Wald und Schnee allein.
Und manchmal, doch nicht jedes Jahr,
Trifft meine gute Stunde ein,
Daß ich von allem, was da war,
Auf einem Augenblick gesunde
Und irgendwo im Wald für eine Stunde
Der Kindheit Duft erfühle tief im Sinn
Und wieder Knabe bin …

HEINRICH HEINE

Die Heilgen Drei Könige aus Morgenland,
Sie frugen in jedem Städtchen:
Wo geht der Weg nach Bethlehem,
Ihr lieben Buben und Mädchen?

Die Jungen und Alten, sie wussten es nicht,
Die Könige zogen weiter;
Sie folgten einem goldenen Stern,
Der leuchtete lieblich und heiter.

Der Stern blieb stehn über Josephs Haus,
Da sind sie hineingegangen;
Das Öchslein brüllte, das Kindlein schrie,
Die Heilgen Drei Könige sangen.

RAINER MARIA RILKE

## Die Heiligen Drei Könige

### LEGENDE

Einst als am Saum der Wüsten sich
auftat die Hand des Herrn
wie eine Frucht, die sommerlich

verkündet ihren Kern,
da war ein Wunder: Fern
erkannten und begrüßten sich
drei Könige und ein Stern.

Drei Könige von Unterwegs
und der Stern Überall,
die zogen alle (überlegs!)
so rechts ein Rex und links ein Rex
zu einem stillen Stall.

Was brachten die nicht alles mit
zum Stall von Bethlehem!
Weithin erklirrte jeder Schritt,
und der auf einem Rappen ritt,
saß samten und bequem.
Und der zu seiner Rechten ging,
der war ein goldner Mann,
und der zu seiner Linken fing
mit Schwung und Schwing
und Klang und Kling
aus einem runden Silberding,
das wiegend und in Ringen hing,
ganz blau zu rauchen an.
Da lachte der Stern Überall
so seltsam über sie,
und lief voraus und stand am Stall
und sagte zu Marie:

Da bring ich eine Wanderschaft
aus vieler Fremde her.

Drei Könige mit *magenkraft*\*,
von Gold und Topas schwer
und dunkel, tumb und heidenhaft, –
erschrick mir nicht zu sehr.
Sie haben alle drei zuhaus
zwölf Töchter, keinen Sohn,
so bitten sie sich deinen aus
als Sonne ihres Himmelblaus
und Trost für ihren Thron.
Doch musst du nicht gleich glauben: bloß
ein Funkelfürst und Heidenscheich
sei deines Sohnes Los.
Bedenk, der Weg ist groß.
Sie wandern lange, Hirten gleich,
inzwischen fällt ihr reifes Reich
weiß Gott wem in den Schoß.
Und während hier, wie Westwind warm,
der Ochs ihr Ohr umschnaubt,
sind sie vielleicht schon alle arm
und so wie ohne Haupt.
Drum mach mit deinem Lächeln licht
die Wirrnis, die sie sind,
und wende du dein Angesicht
nach Aufgang und dein Kind;
dort liegt in blauen Linien,
was jeder dir verließ;
Smaragda und Rubinien
und die Tale von Türkis.

\*mittelhochdeutsch: ›Macht‹ (RMR.)

MANFRED HAUSMANN

## Anbetung

Wir sind mit unsrer Königsmacht
schwermütig hergeritten.
Es schneite auf uns Tag und Nacht,
auf Mann und Pferd und Schlitten.

Die Tür geht auf, es summt der Wind,
wir beugen unsern Rücken,
da wir die Krippe und das Kind
im Dämmerlicht erblicken.

Hier ist das Gold, der Weihrauch hier
und hier, o Kind, die Myrrhe.
Du lächelst, und schon sorgen wir,
daß alles sich verwirre.

Wir haben anders dich geglaubt.
Nun treten wir ins Dunkel
und heben ab von unserm Haupt
der Kronen Goldgefunkel.

Das Wissen von der bunten Welt,
vom Meer und seinen Häfen,
von Mond und Stern am Himmelszelt,
wir streifen's von den Schläfen.

Das Ich, das trotzig sich erschuf
über den andern allen,

will nun wie ein verlorner Ruf
im Innersten verhallen.

Wir neigen unsers Alters Gram
auf deine kleinen Hände.
Und in dem Neigen wundersam
geht alle Not zu Ende.

Die Pferde draußen schütteln sich
und klirren mit den Glocken.
Und lautlos fallen Strich an Strich
darüberhin die Flocken.


JOHANN WOLFGANG GOETHE


Epiphaniasfest

Die heilgen drei König' mit ihrem Stern,
Sie essen, sie trinken, und bezahlen nicht gern;
Sie essen gern, sie trinken gern,
Sie essen, trinken, und bezahlen nicht gern.

Die heilgen drei König' sind kommen allhier,
Es sind ihrer drei und sind nicht ihrer vier;
Und wenn zu dreien der vierte wär,
So wär ein heilger drei König mehr.

Ich erster bin der weiß' und auch der schön',
Bei Tage solltet ihr erst mich sehn!
Doch ach, mit allen Spezerein
Werd ich sein Tag kein Mädchen mir erfrein.

Ich aber bin der braun' und bin der lang',
Bekannt bei Weibern wohl und bei Gesang.
Ich bringe Gold statt Spezerein,
Da werd ich überall willkommen sein.

Ich endlich bin der schwarz' und bin der klein'
Und mag auch wohl einmal recht lustig sein.
Ich esse gern, ich trinke gern,
Ich esse, trinke und bedanke mich gern.

Die heilgen drei König' sind wohlgesinnt,
Sie suchen die Mutter und das Kind;
Der Joseph fromm sitzt auch dabei,
Der Ochs und Esel liegen auf der Streu.

Wir bringen Myrrhen, wir bringen Gold,
Dem Weihrauch sind die Damen hold;
Und haben wir Wein von gutem Gewächs,
So trinken wir drei so gut als ihrer sechs.

Da wir nun hier schöne Herrn und Fraun,
Aber keine Ochsen und Esel schaun,
So sind wir nicht am rechten Ort
Und ziehen unseres Weges weiter fort.

## Die Flucht der Heiligen Familie

Länger fallen schon die Schatten,
Durch die kühle Abendluft,
Waldwärts über stille Matten
Schreitet Joseph von der Kluft,
Führt den Esel treu am Zügel;
Linde Lüfte fächeln kaum,
's sind der Engel leise Flügel,
Die das Kindlein sieht im Traum,
Und Maria schauet nieder
Auf das Kind voll Lust und Leid
Singt im Herzen Wiegenlieder
In der stillen Einsamkeit.
Die Johanniswürmchen kreisen
Emsig leuchtend übern Weg,
Wollen der Mutter Gottes weisen
Durch die Wildnis jeden Steg,
Und durchs Gras geht süßes Schaudern,
Streift es ihres Mantels Saum;
Bächlein auch lässt jetzt sein Plaudern
Und die Wälder flüstern kaum,
Dass sie nicht die Flucht verraten.
Und das Kindlein hob die Hand,
Da sie ihm so Liebes taten,
Segnete das stille Land,
Dass die Erd mit Blumen, Bäumen
Fernerhin in Ewigkeit
Nächtlich muss vom Himmel träumen –
O gebenedeite Zeit!

KURT MARTI

flucht nach ägypten

nicht
ägypten
ist
fluchtpunkt
der flucht

das kind
wird gerettet
für härtere tage

fluchtpunkt
der flucht
ist
das kreuz


JOHANN GOTTLIEB KINKEL

Es ist so still geworden,
Verrauscht des Abends Wehn.
Nun hört man allerorten
Der Engel Füße gehn.
Rings in die Tale senket
Sich Finsternis mit Macht.
Wirf ab, Herz, was dich kränket
Und was dir bange macht!

## Noch einmal ein Weihnachtsfest

Noch einmal ein Weihnachtsfest,
Immer kleiner wird der Rest,
Aber nehm ich so die Summe,
Alles Grade, alles Krumme,
Alles Falsche, alles Rechte,
Alles Gute, alles Schlechte –
Rechnet sich aus all dem Braus
Doch ein richtig Leben raus.
Und dies können ist das Beste
Wohl bei diesem Weihnachtsfeste.

## Weihnachtsspruch

Sei heiter!
Es ist gescheiter
Als alles Gegrübel; –
Gott hilft weiter,
Zur Himmelsleiter
Werden die Übel.

MARTIN GREIF

## Weihnachtsbaum

Als einst ich in der Kindheit Traum
Hinaufgeblickt zum Weihnachtsbaum,
Da schien jed' Lichtlein mir so fern,
Wie in der Höh ein goldner Stern.

Und da ich jüngst in öder Nacht
An jenen Traum zurückgedacht,
Da flimmerte voll Herrlichkeit
Mein Christbaum wirklich sternenweit.

W. H. AUDEN

## Weihnachtsausklang

Soweit gut und schön. Nun müssen wir den Baum
                                        abräumen,
den Schmuck wieder in seine Pappschachteln
                                        zurücklegen –
einiges ging kaputt – und auf den Dachboden
                                        hinauftragen.
Stechpalmen und Mistelzweige sind abzunehmen und
                            zu verbrennen,

die Kinder für die Schule herzurichten. Es ist noch
genug
an Speiseresten da zum Aufwärmen für den Rest der
Woche.
Nicht, daß wir großen Appetit hätten, nach dem vielen
Alkohol,
nach dem langen Aufbleiben und dem – ziemlich
erfolglosen –
Versuch, unsere Verwandtschaft zu lieben. Wir haben
im ganzen unsere Kräfte überschätzt. Wieder einmal
wie in allen Jahren haben wir die Erscheinung gesehen,
und es mißlang wieder, sie für mehr als eine
angenehme
Möglichkeit hinzunehmen, einmal mehr haben wir
IHN
weggeschickt, wenn wir auch baten, Seine
ungehorsamen Diener
bleiben zu können: wie Kinder, die ihr Versprechen
nicht lang halten.
Das Christfest ist bereits eine verblassende
Erinnerung,
man beginnt schon allmählich eine unangenehme
Ahnung
zu spüren, eine dumpfe Besorgnis beim Gedanken
an die Fastenzeit, an den Karfreitag, die schließlich
nicht mehr
sehr weit weg sein können. Aber zunächst sind wir alle
hier,
zurück in der gemäßigten aristotelischen Stadt
des Strümpfestopfens und des 8-Uhr-15-Zuges, wo
Euklids Geometrie

und Newtons Mechanik für unsre Erfahrung
                                    ausreichen,
der Küchentisch existiert, weil man ihn scheuert.
Er scheint nur über die Ferien eingeschrumpft zu sein.
                                    Die Straßen
sind viel enger als in der Erinnerung. Wir haben
                                    vergessen,
wie deprimierend das Büro ist. Für jene, die das Kind
gesehen haben, wenn auch verschwommen nur und
                                    ungläubig,
ist die augenblickliche Zeit, in gewisser Beziehung, die
                                    allerschwerste.
Denn die unschuldigen Kinder, die so aufgeregt
vor der versperrten Tür flüsterten, hinter der sie die
                                    Geschenke
wußten, waren erwachsen, als sie aufging. Entsinnen
                                    wir uns
dieses Augenblicks, können wir die Freude
                                    unterdrücken. Aber
die Schuld bleibt bewußt, wenn wir des Stalles
                                    gedenken, wo
ein einziges Mal alles zum Du wurde und nichts Es
                                    blieb.
Wir sehnen uns nach dem Gefühl und achten nicht
                                    seine Ursache,
wir sehen uns suchend nach etwas um, nach irgend
                                    etwas,
das unsere Selbstbespiegelung endet, doch das
                                    Gegebenste dafür
würde uns zu viel Schmerz bereiten. Nachdem wir so
                                    schon

dem Sohn begegnet sind, sind wir jetzt versucht, zum
Vater zu beten:
»Führ uns nicht in Versuchung und Übel um
unsretwillen.«
Sie werden kommen, klar, wahrscheinlich in einer
Form,
die wir nicht erwarten, und sicher mit einer Gewalt,
furchtbarer,
als wir uns vorstellen können. In der Zwischenzeit
sind Rechnungen zu bezahlen, Maschinen in Ordnung
zu halten,
unregelmäßige Verba zu lernen, die Gegenwart zu
retten
vor Belanglosigkeit. Der glückliche Morgen ist
vorüber,
die Nacht des Todeskampfes liegt noch vor uns. Es ist
Mittag:
Der Geist hat die Skalen seiner Freude zu üben
auch ohne feindliche Zuschauer, die Seele hat eine
Stille
zu ertragen, die weder für noch gegen ihren Glauben
ist,
daß Gottes Wille geschehen wird, daß trotz aller
Gebete
Gott niemanden prellt, nicht einmal die Welt um ihren
Triumph.

ILSE PERKER-MADER

## Abschied vom Weihnachtsbaum

Nun heißt es wieder Abschied nehmen
von Krippe und Weihnachtsbaum,
die zierlichen Gebilde in den Kasten zu legen
für ein Jahr Schlummer und Traum.

Amaryllis ist als Stern aufgegangen,
weiß-rosa Blüten, groß und schön,
und die Sonne stieg wieder über die Tannenspitzen,
mir in mein Küchenfenster zu blitzen.

Man könnte schon mittags
in der Sonne sitzen,
zwar vermummt
und mit Schnee rings als Saum.

ERICH PUCHTA

## Wetterlage am See

Hochdruck an Weihnachten
gefolgt von einer Tiefdruckrinne
nach dem Fest.
Bodennebel verhüllen die Sicht
auf Künftiges.

Reif fällt auf die letzten Tage
des Jahres.
Schau ich genauer hin
finde ich Sterne unter den Eisblumen.
Über dem Nebel
ahne ich Licht.
Manchmal dringt es durch
und klar zeichnen sich ab
die Ufer jenseits.


ERICH KÄSTNER


Der Dezember

Das Jahr ward alt. Hat dünne Haar.
Ist gar nicht sehr gesund.
Kennt seinen letzten Tag, das Jahr.
Kennt gar die letzte Stund.

Ist viel geschehn. Ward viel versäumt.
Ruht beides unterm Schnee.
Weiß liegt die Welt, wie hingeträumt.
Und Wehmut tut halt weh.

Noch wächst der Mond. Noch schmilzt er hin.
Nichts bleibt. Und nichts vergeht.
Ist alles Wahn. Hat alles Sinn.
Nützt nichts, daß man's versteht.

Und wieder stapft der Nikolaus
durch jeden Kindertraum.
Und wieder blüht in jedem Haus
der goldengrüne Baum.

Warst auch ein Kind. Hast selbst gefühlt,
wie hold Christbäume blühn.
Hast nun den Weihnachtsmann gespielt
und glaubst nicht mehr an ihn.

Bald trifft das Jahr der zwölfte Schlag.
Dann dröhnt das Erz und spricht:
»Das Jahr kennt seinen letzten Tag,
und du kennst deinen nicht.«

ALBRECHT GOES

## Der goldne Baum

Haben wirs recht wohl erdacht
Für die hohe heilge Nacht,
Abendlang und rein entzückt,
Heiter endlich aufgeschmückt
Weißen Tann und rotes Licht,
Stern und Engelsangesicht,
Silberlust im dunklen Grün,
Selges Blühn und Überblühn –

Weh, schon blinkt durchs Fensterglas
Tag Sankt Epiphanias,
Und das Jahr mit Recht und Fug
Spricht: genug.

Nur noch einmal, komm, entzünde
Aller Kerzen Ernst und Spiel,
Mit dem Bunten dich verbünde,
Wie dirs eh und je gefiel:
Sieh, der Engel kehrt sich leise
Dem Trompetenbläser zu,
Horch, der Violinen Weise,
Und der Dirigent bist du.
Lischt die Kerze. Im Ermatten
Geistert Schattenspiel im Raum –
Traumesbilder, Abschiedsschatten,
Dir zum Abschied, goldner Baum!

Ach, nun kommt ein langes Jahr,
Eismond, Frost und Februar,
Weidenrute, Osterschmaus,
Birke, Mai und Immenbraus,
Junibeere, Juliglut,
Erntefeld und Traubenblut,
Spätoktober, Nebelschritt –

Glanz vom goldnen Baum, geh mit!

EDUARD MÖRIKE

## Zum neuen Jahr

Kirchengesang (Melodie aus Axur:
»Wie dort auf den Auen«)

Wie heimlicher Weise
Ein Engelein leise
Mit rosigen Füßen
Die Erde betritt,
So nahte der Morgen.
Jauchzt ihm, ihr Frommen,
Ein heilig Willkommen,
Ein heilig Willkommen!
Herz, jauchze du mit!

In Ihm sei's begonnen,
Der Monde und Sonnen
An blauen Gezelten
Des Himmels bewegt.
Du, Vater, du rate!
Lenke du und wende!
Herr, dir in die Hände
Sei Anfang und Ende,
Sei alles gelegt!

# Verzeichnis der Autoren und Druckvorlagen

Bei den älteren Gedichten wurde die Orthographie behutsam modernisiert, während die Interpunktion unverändert blieb; offensichtliche Druckfehler wurden stillschweigend korrigiert. Apostrophe wurden nur gesetzt, wo sie für das Textverständnis hilfreich erschienen.

ANGELUS SILESIUS    (d. i. Johannes Scheffler; 1624–77)

114    A. S.: Cherubinischer Wandersmann. Krit. Ausg. Hrsg. von Louise Gnädinger. Stuttgart: Reclam, 1984. (Reclams Universal-Bibliothek. 8006.) (1) Nr. 153. (2, 3, 4) Nr. 253–255.

ANONYM

126    Des Knaben Wunderhorn. Alte deutsche Lieder gesammelt von Achim von Arnim und Clemens Brentano. Kritische Ausgabe. Hrsg. und komm. von Heinz Rölleke. Bd. 3. Stuttgart: Reclam, 1987.

JOCHEN ARLT    (geb. 1948)

35    Und das schönste Fest ist da. Weihnachtliche Gedichte. Zsgst. von Stephan Koranyi. Leipzig: Reclam, 2005. – Mit Genehmigung von Jochen Arlt, Bad Münstereifel.

ACHIM VON ARNIM    (1781–1831)

54, 158    A. v. A.: Werke in sechs Bänden. Bd. 5: Gedichte. Hrsg. von Ulfert Ricklefs. Frankfurt a. M.: Deutscher Klassiker-Verlag, 1994.

W[YSTAN] H[UGH] AUDEN    (1907–73)

223    W. H. A.: Hier und jetzt. Ein Weihnachtsoratorium. Aus dem Engl. von Gerhard Fritsch. München: Piper, 1992. [Der Titel wurde von den Hrsg. formuliert.] – © 1961 Otto Müller Verlag, Salzburg.

ROSE AUSLÄNDER    (1901–88)

179    R. A.: Gesammelte Werke in sieben Bänden. Hrsg. von Helmut Braun. [Bd. 3:] Hügel aus Äther unwiderruflich. Gedichte und Prosa 1966–1975. Frankfurt a. M.: S. Fischer, 1984. – © 1984 S. Fischer Verlag GmbH, Frankfurt am Main.

HUGO BALL    (1886–1927)

166    H. B.: Gesammelte Gedichte. [Hrsg. von Annemarie Schütt-Hennings.] Zürich: Arche, 1963.

WERNER BERGENGRUEN (1892–1964)

116  W. B.: Die verborgene Frucht. Berlin: Verlag Die Rabenpresse, 1938. – Mit Genehmigung von Luise Hackelsberger, Werner-Bergengruen-Archiv, Neustadt an der Weinstraße.

ROTRAUT SUSANNE BERNER  (geb. 1948)

64  R. S. B.: Apfel, Nuss und Schneeballschlacht. Das große Winter-Weihnachtsbuch. Lieder und Gedichte. Hildesheim: Gerstenberg, 2001. – Mit Genehmigung von Rotraut Susanne Berner, München.

F. W. BERNSTEIN  (d. i. Fritz Weigle; geb. 1938)

63  F. W. B.: Die Gedichte. München: Kunstmann, 2003. – Mit Genehmigung von Fritz Weigle, Berlin.

JOHANNES BOBROWSKI  (1917–65)

122, 141  J. B.: Gesammelte Werke in sechs Bänden. Hrsg. von Eberhard Haufe. Bd. 1: Die Gedichte. Stuttgart: Deutsche Verlags-Anstalt, 1998. – © 1998 Deutsche Verlags-Anstalt, München, in der Verlagsgruppe Random House GmbH.

SEBASTIAN BRANT  (1458–1521)

75  S. B.: Das Narrenschiff. Übertr. von H. A. Junghans. Durchges. und mit Anm. sowie einem Nachw. neu hrsg. von Hans-Joachim Mähl. Bibliogr. erg. Ausg. Stuttgart: Reclam, 1992. (Reclams Universal-Bibliothek. 899.)

BERTOLT BRECHT  (1898–1956)

123, 184  B. B.: Gesammelte Werke in 20 Bänden. Hrsg. vom Suhrkamp Verlag in Zsarb. mit Elisabeth Hauptmann. Bd. 8: Gedichte 1. Frankfurt a. M.: Suhrkamp, 1967. – © 1967 Suhrkamp Verlag, Frankfurt am Main.

CLEMENS BRENTANO  (1778–1842)

113  C. B.: Gedichte. Hrsg. von Wolfgang Frühwald. München: Deutscher Taschenbuch Verlag, 1977.

GEORG BRITTING  (1891–1964)

118  G. B.: Sämtliche Werke. Bd. 1. Hrsg. von Ingeborg Schuldt-Britting. Höhenmoos: Georg-Britting-Stiftung, 2008. – © Georg-Britting-Stiftung, Höhenmoos.

GEORG BÜSING (1906–58)

32 G. B.: Ihr werdet finden. Hrsg. von Detlev Block. Göttingen: Vandenhoeck & Ruprecht, 1982. – © 1982 Vandenhoeck & Ruprecht GmbH & Co.KG, Göttingen.


WILHELM BUSCH (1832–1908)

112 W. B.: Hist.-krit. Gesamtausgabe. Bd. 4. Wiesbaden/Berlin: Vollmer, [o. J.].


CHRISTINE BUSTA (1915–87)

23, 112 Ch. B.: Der Atem des Wortes. Salzburg: Müller, 1995. (1) – © 1995 Otto Müller Verlag, Salzburg. – Ch. B.: Die Scheune der Vögel. Gedichte. Salzburg: Müller, 1995. (2) – © 1995 Otto Müller Verlag, Salzburg.


FLORIAN CIESLIK (geb. 1975)

73 Junge Lyrik III. 50 Dichterinnen und Dichter (Jahrgänge 1967–1982). Melsbach: Werhand, 2003. – © 2003 Martin Werhand Verlag, Melsbach.


PAULA DEHMEL (1862–1918)

47, 60 P. D.: Das liebe Nest. Gesammelte Kindergedichte. Hrsg. von Richard Dehmel mit Zeichn. von Hans Thoma. Leipzig: Seemann, 1919.


RICHARD DEHMEL (1863–1920)

74 R. D.: Gesammelte Werke in drei Bänden. Bd. 2. Berlin: S. Fischer, 1916.


HEINRICH DETERING (geb. 1959)

31 H. D.: Schwebstoffe. Gedichte. Göttingen: Wallstein, 2004. – © 2004 Wallstein Verlag, Göttingen.


JOSEPH VON EICHENDORFF (1788–1857)

173, 220 J. v. E.: Gedichte. Hrsg. von Peter Horst Neumann in Zsarb. mit Andreas Lorenczuk. Stuttgart: Reclam, 1997. (Reclams Universal-Bibliothek. 7925.) (1) – J. v. E.: Werke in einem Band. Hrsg. von Wolfdietrich Rasch. München: Hanser, 1984. (2)

T[HOMAS] S[TEARNS] ELIOT (1888–1965)

189  T. S. E.: Werke. Bd. 4: Gesammelte Gedichte 1909–1962. Hrsg. und mit einem Nachw. von Eva Hesse. Frankfurt a. M.: Suhrkamp, 1972. [Übers. von Alexander Schmitz.] – © 1972 Suhrkamp Verlag, Frankfurt am Main.


FRED ENDRIKAT (1890–1942)

28  Das große Endrikat-Buch. München: Blanvalet, 1976. – © Blanvalet Verlag, München, in der Verlagsgruppe Random House GmbH.


HEINZ ERHARDT (1909–79)

84, 203  Das große Heinz Erhardt Buch. Oldenburg: Lappan, 2003. – © 1974, 2003 Lappan Verlag, Oldenburg.


WILLI FÄHRMANN (geb. 1929)

147  W. F.: Ein Stern ist aufgegangen. Ill. von Dorothea Göbel. Würzburg: Arena, 1998. – © Willi Fährmann, Xanten.


THEODOR FONTANE (1819–98)

21, 178, 222
Th. F.: Werke, Schriften und Briefe. Hrsg. von Walter Keitel und Helmuth Nürnberger. Bd. 6. München/Wien: Hanser, ²1978. (1, 3, 4) – Th. F.: Sämtliche Werke. Romane, Erzählungen, Gedichte. Hrsg. von Walter Keitel. Bd. 6. München/Wien: Hanser, 1964. (2)


ERICH FRIED (1921–88)

168  E. F.: Warngedichte. München/Wien: Hanser, 1964. – © 1964 Carl Hanser Verlag GmbH, München und Wien.


CHRISTIAN FÜRCHTEGOTT GELLERT (1715–69)

59  Ch. F. G.: Werke. Bd. 1: Fabeln, Gedichte, Lustspiele. Hrsg. von Gottfried Honnefelder. Frankfurt a. M.: Insel, 1979.


ROBERT GERNHARDT (1937–2006)

81, 85  R. G.: Letzte Ölung. Zürich: Haffmans, 1984. (1) – © Nachlass Robert Gernhardt. Alle Rechte vorbehalten S. Fischer Verlag GmbH, Frankfurt am Main. – R. G.: Wörtersee. Frankfurt a. M.: Zweitausendeins, 1981. (2) – © Nachlass Robert Gernhardt, durch Agentur Schlück. Alle Rechte vorbehalten.

ROBERT GERNHARDT / BERND EILERT (geb. 1949) / PETER PETER (geb. 1939)

205   R. G./B. E./P. K.: Es ist ein Has' entsprungen. Zürich: Haffmans, 1999. – © Nachlass Robert Gernhardt. Alle Rechte vorbehalten S. Fischer Verlag GmbH, Frankfurt am Main.

KARL GEROK   (1815–90)

169   K. G: Der letzte Strauß. Vermischte Gedichte. Stuttgart: Greiner & Pfeiffer, 1903.

ALBRECHT GOES   (1908–2000)

157, 211, 229   A. G.: Gedichte. Frankfurt a. M.: S. Fischer, 2008. – © 2008 S. Fischer Verlag GmbH, Frankfurt am Main.

JOHANN WOLFGANG GOETHE   (1749–1832)

77, 174, 218   J. W. G.: Sämtliche Werke (Artemis-Gedenkausgabe). Hrsg. von Ernst Beutler [u. a.]. Bd. 1: Sämtliche Gedichte. Tl. 1: Die Gedichte der Ausgabe letzter Hand. Hrsg. von Emil Staiger. Zürich: Artemis, ²1961.

MARTIN GREIF   (d. i. Friedrich Hermann Frey; 1839–1911)

223   M. G.: Buch der Lyrik. Gedichte – Neue Lieder und Mären. München: C. F. Amelangs Verlag, 1924.

ANDREAS GRYPHIUS   (1616–64)

146   A. G.: Gedichte. Eine Auswahl. Text nach der Ausgabe letzter Hand von 1663. Hrsg. von Adalbert Elschenbroich. Stuttgart: Reclam, 1968 [u. ö.]. (Reclams Universal-Bibliothek. 8799.)

JOSEF GUGGENMOS   (1922–2003)

30, 114   J. G.: Ich will dir was verraten. Ein Kinderbuch mit Bildern. Weinheim: Beltz & Gelberg, 1992. (1) – © 1992 Beltz & Gelberg in der Verlagsgruppe Beltz, Weinheim und Basel. – Zu Bethlehem geboren. Die schönsten Weihnachtsgedichte zum Aufsagen. Hrsg. von Ursula Wagner. Ill. von Silvia Christoph. Berlin: Ullstein, 1997. (2) – © Josef Guggenmos Erben.

RUDOLF HÄGNI   (1888–1956)

78   R. H.: I ghöören es Glöggli. Neui Väärsli für d Chind. Erlenbach: Rotapfel-Verlag, 1940. – Mit Genehmigung von Esther Hägni, Altendorf (Schweiz).

WALTER HAUSER  (geb. 1957)

157  W. H.: Feier des Lebens. Luzern: Verlag Raeber & Cie., 1957. – © 1957 Raeber Verlag, Luzern.

MANFRED HAUSMANN  (1898–1986)

207, 217  M. H.: Nachtwache. Alte Musik. Füreinander. Gedichte aus den Jahren 1922–1946. Frankfurt a. M.: S. Fischer, 1983. (1) – © 1983 S. Fischer Verlag GmbH, Frankfurt am Main. – M. H.: Jahre des Lebens. Gedichte. Neukirchen-Vluyn: Neukirchener Verlag, 1974. (2) – © 1974 Neukirchener Verlagsgesellschaft mbH, Neukirchen-Vluyn.

FRIEDRICH HEBBEL  (1813–63)

156  F. H.: Werke. [Hrsg. Gerhard Fricke, Werner Keller und Karl Pörnbacher.] Bd. 3. München: Hanser, 1965.

JOHANN PETER HEBEL  (1760–1826)

124  J. P. H.: Werke in zwei Bänden. Hrsg. von Eberhard Meckel. Frankfurt a. M.: Insel, 1968.

HEINRICH HEINE  (1797–1856)

27, 214  H. H.: Sämtliche Gedichte. Hrsg. von Bernd Kortländer. Stuttgart: Reclam, 1990 [u. ö.]. (1) – H. H.: Buch der Lieder. Hrsg. von Bernd Kortländer. Stuttgart: Reclam, 1990 [u. ö.]. (Reclams Universal-Bibliothek. 2231.) (2)

KARL HENCKELL  (1864–1929)

44  K. H.: Gesammelte Werke. Bd. 1. München: Müller, 1921.

LUISE HENSEL  (1798–1876)

109  Karl Simrock: Deutsche Weihnachtslieder. Leipzig: Weigel, 1859.

JOHANN GOTTFRIED HERDER  (1744–1803)

154  J. G. H.: Werke. Erster Theil. Gedichte. Hrsg. von Heinrich Düntzer. Berlin: Hempel, 1879.

MAX HERRMANN-NEISSE  (1886–1941)

195  M. H.-N.: Schattenhafte Lockung. Gedichte 3. Frankfurt a. M.: Zweitausendeins, 1987. (Gesammelte Werke. Hrsg. von Klaus Völker.) – Copyright © 1987 by Zweitausendeins, Postfach 610 637, D-60381 Frankfurt am Main.

HERMANN HESSE  (1877–1962)

152, 213  H. H.: Sämtliche Werke. Hrsg. von Volker Michels. Bd. 10.
Die Gedichte. Bearb. von Peter Huber. Frankfurt a. M.: Suhrkamp,
2002. – © 2002 Suhrkamp Verlag, Frankfurt am Main.


PAUL HEYSE  (1830–1914)

180  P. H.: Gesammelte Werke. Reihe 3. Bd. 5. Hildesheim: Olms,
1991.


AUGUST HEINRICH HOFFMANN VON FALLERSLEBEN  (1798–1874)

41, 54, 62, 87  A. H. H. v. F.: Kinderlieder. Hrsg. von Lionel von
Donop. Hildesheim / New York: Olms, 1976. (1) – A. H. H. v. F.: Aus-
gewählte Werke in 4 Bänden. Bd. 1. Leipzig: Hesses, [o. J.]. (2, 4) –
A. H. H. v. F.: Gedichte und Lieder. Hamburg: Hoffmann und Campe,
1974. (3)


HUGO VON HOFMANNSTHAL  (1874–1929)

212  H. v. H.: Sämtliche Werke. Kritische Ausgabe. Bd. 1. Frankfurt
a. M.: S. Fischer, 1984.


FRANZ HOHLER  (geb. 1943)

105  F. H. / Nikolaus Heidelbach: Der Riese und die Erdbeerkonfitü-
re. München: Deutscher Taschenbuch Verlag, 2000. – Mit Genehmi-
gung von Franz Hohler, Zürich.


ARNO HOLZ  (1863–1929)

52, 71  A. H.: Phantasus. Hrsg. von Gerhard Schulz. Stuttgart: Re-
clam, 1984. (Reclams Universal-Bibliothek. 8549.) (1) – A. H.: Werke.
Hrsg. von Wilhelm Emrich und Anita Holz. Bd. 5. Neuwied [u. a.]:
Luchterhand, 1962. (2)


PETER HUCHEL  (1903–81)

120  P. H.: Die Sternenreuse. Gedichte 1925–1947. München: Piper,
1967. – © Roger Melis, Berlin.


OTTO JÄGERSBERG  (geb. 1942)

185  O. J.: Wein, Liebe, Vaterland. Gedichte. Zürich: Diogenes, 1985. –
Copyright © 1993 Diogenes Verlag AG, Zürich.

ERNST JANDL (1925–2000)

100   E. J.: Poetische Werke. Hrsg. von Klaus Siblewski. Bd. 8. München: Luchterhand, 1997. – © 1997 by Luchterhand Literaturverlag, München, in der Verlagsgruppe Random House GmbH.

ERICH KÄSTNER (1899–1974)

91, 204, 228   E. K.: Bei Durchsicht meiner Bücher ... Stuttgart: Rowohlt. (1) – © 1946 Atrium Verlag, Zürich, und Thomas Kästner. – E. K.: Doktor Erich Kästners Lyrische Hausapotheke. Gedichte für den Hausbedarf der Leser. Nebst einem Vorwort und einer nutzbringenden Gebrauchsanweisung samt Register. Zürich: Atrium, 1998. (2) – © 1936 Atrium Verlag, Zürich, und Thomas Kästner. – E. K.: Die dreizehn Monate. Zürich: Atrium, 1955. (3) – © 1955 Atrium Verlag, Zürich, und Thomas Kästner.

GOTTFRIED KELLER (1819–90)

97   G. K.: Sämtliche Werke und ausgewählte Briefe. Hrsg. von Clemens Heselhaus. Bd. 3. München: Hanser, ²1963.

JOHANN GOTTFRIED KINKEL (1815–82)

221   J. G. K.: Wunder der Weihnacht. Ein nie verlorenes Paradies in Gedicht, Lied und Erzählung. Hrsg. von Georg Kemper. Heidelberg: Waibstadt, 1947.

SARAH KIRSCH (geb. 1935)

45   S. K.: Sämtliche Gedichte. München: Deutsche Verlags-Anstalt, 2005. – © 2005 Deutsche Verlags-Anstalt, München, in der Verlagsgruppe Random House GmbH.

KLABUND (d. i. Alfred Henschke; 1890–1928)

130   K.: Die Harfenjule. Berlin: Eulenspiegel-Verlag, 1982.

JOCHEN KLEPPER (1903–42)

148   J. K.: Ziel der Zeit. Die gesammelten Gedichte. Bielefeld: Luther-Verlag, 2003. – © 2003 Luther-Verlag, Bielefeld.

HEIDI KOCH (geb. 1959)

150   H. K.: Es geht der Stern von Bethlehem mir nah. Geschichten für die Advents- und Weihnachtszeit. Esch: Verlag am Eschbach, 2002. – Mit Genehmigung von Heidi Koch, Ebikon (Schweiz).

EMILY KÖGEL (1877–1906) / FRITZ KÖGEL (1860–1904)

48   E. K. / F. K.: Die Arche Noah. Leipzig: Teubner, 1901.

THEODOR KRAMER  (1897–1958)

55   Th. K.: Gesammelte Gedichte. Hrsg. von Erwin Chvojka. Bd. 3.
Wien: Zsolnay, 1987. – © 1997, 2004 Paul Zsolnay Verlag, Wien.

ROLF KRENZER  (1936–2007)

37, 133   R. K. (Hrsg.): Die schönsten Geschichten zur Advents- und
Weihnachtszeit. Freiburg i. B.: Herder, 1992. (1) – © Verlag Herder,
Freiburg im Breisgau, 8. Auflage 1998. – Ochs und Esel geben sich die
Ehre. Hrsg. von Peter Musall. Offenbach a. M.: Burckhardthaus-Laeta-
re, 1991. (2) – © 1991 Burckhardthaus-Laetare Verlag GmbH, Offen-
bach am Main.

JAMES KRÜSS  (1926–97)

25, 81, 89, 128   J. K.: Der wohltemperierte Leierkasten. Überarb. Neu-
ausg. München: cbj, ³2001. (1, 3) – © cbj Verlag, München, in der Ver-
lagsgruppe Random House GmbH. – Das dicke Weihnachtsbuch.
Hrsg. von Margarete Drachenberg. Berlin: Eulenspiegel, 2004. (2) –
© James Krüss Erben. – Von drauß', vom Walde komm ich her. Die
schönsten Weihnachtsgeschichten. Hrsg. von Kerstin Kipker. Würz-
burg: Arena, ²1999. (4) – © James Krüss Erben.

GÜNTER KUNERT  (geb. 1929)

183   G. K.: Fremd daheim. Gedichte. München/Wien: Hanser, 1990. –
© 1990 Carl Hanser Verlag, München und Wien.

PAUL KONRAD KURZ  (1927–2005)

165   Heilige Nacht – Heiliger Tag. Hrsg. von Martin Scharpe. Stutt-
gart: Radius, 2001. – Mit Genehmigung von Rosemarie Kurz, Gauting.

THORSTEN LIBOTTE  (geb. 1972)

188   T. L.: Junge Lyrik. 50 Dichterinnen und Dichter (Jahrgänge
1968–1978). Melsbach: Werhand, 1999. – © 1999 Martin Werhand Ver-
lag, Melsbach.

DETLEV VON LILIENCRON  (1844–1909)

42   D. v. L.: Sämtliche Werke. Bd. 9. 7. Aufl. Berlin/Leipzig: Schuster
und Loeffler, [o. J.].

KURTMARTIN MAGIERA (1928–75)

167  K. M.: Ochs und Esel geben sich die Ehre. Hrsg. von Peter Mu-
sall. Offenbach a. M.: Burckhardthaus-Laetare, 1991. – © 1991 Burck-
hardthaus-Laetare Verlag GmbH, Offenbach am Main.


KURT MARTI (geb. 1921)

113, 221  K. M.: Werkauswahl in fünf Bänden. Hrsg. von K. M. und
Elsbeth Pulver. Bd. 5: Namenszug mit Mond. Gedichte. Zürich: Nagel
& Kimche, 1996. (1) – © 1996 Nagel & Kimche im Carl Hanser Verlag,
München. – K. M.: geduld und revolte. die gedichte am rand. Mit einem
Vorw. von Ingeborg Drewitz. Stuttgart: Radius-Verlag, ²1985. (2) –
© 1985 Radius-Verlag GmbH, Stuttgart.


CONRAD FERDINAND MEYER (1825–98)

182  C. F. M.: Sämtliche Gedichte. Mit einem Nachw. von Sjaak On-
derdelinden. Stuttgart: Reclam, 1978 [u. ö.]. (Reclams Universal-Biblio-
thek. 9885.)


CHRISTIAN MORGENSTERN (1871–1914)

33, 99  Ch. M.: Sämtliche Dichtungen II. Bd. 16: Klein Irmchen. Kin-
dergedichte. Basel: Zbinden, 1978.


EDUARD MÖRIKE (1804–75)

51, 145, 213  E. M.: Sämtliche Gedichte. Auf Grund der Originaldru-
cke hrsg. von Herbert G. Göpfert. München: Hanser, 1964.


CHRISTINE NÖSTLINGER (geb. 1936)

97  Ch. N.: Fröhliche Weihnachten, liebes Christkind! Düsseldorf:
Sauerländer, 2008. – © 2008 Patmos Verlag GmbH & Co.KG / Sauer-
länder, Düsseldorf.


NOVALIS (d. i. Friedrich von Hardenberg; 1772–1801)

151  N.: Gedichte – Die Lehrlinge zu Sais. Hrsg. von Johannes Mahr.
Bibliogr. erg. Ausg. Stuttgart: Reclam, 2001 [u. ö.]. (Reclams Universal-
Bibliothek. 7991.)


ILSE PERKER-MADER (geb. 1932)

227  Originalbeitrag. – Mit Genehmigung von Ilse Perker-Mader,
Schmitten.

ERICH PUCHTA   (geb. 1936)

227   Weihnachtsgedichte. Hrsg. von Stephan Koranyi. Stuttgart: Reclam, 2003. – Mit Genehmigung von Erich Puchta, Ellhofen.

J. P. RICHTER   (Lebensdaten unbekannt)

49   Von drauß' vom Walde komm ich her. Die schönsten Weihnachtsgedichte. Hrsg. von Kerstin Kipker. Würzburg: Arena, ²1999.

RAINER MARIA RILKE   (1875–1926)

22, 36, 132, 164, 214   R. M. R.: Die Gedichte. Frankfurt a. M.: Insel, ¹⁰1998. (1) – R. M. R.: Sämtliche Werke. Bd. 1: Gedichte. Erster Teil. Frankfurt a. M.: Insel, 1955. (2–5)

JOACHIM RINGELNATZ   (d. i. Hans Bötticher; 1883–1934)

29, 76, 174, 192, 197   J. R.: und auf einmal steht es neben dir. Gesammelte Gedichte. Berlin, Henssel, 1950. (1–3) – J. R.: Das Gesamtwerk in sieben Bänden. Hrsg. von Walter Pape. Bd. 1: Gedichte 1. Berlin: Henssel, 1984. (4) – J. R.: Gedichte. Ausw. und Nachw. von Walter Pape. Stuttgart: Reclam, 1998. (Reclams Universal-Bibliothek. 9701.) (5)

ANNA RITTER   (1865–1921)

44   A. R.: Weihnachtsgedichte. Zsgst. von Werner Wolf. Berlin/Leipzig: Hillger, 1930.

EUGEN ROTH   (1895–1976)

34, 163   Zu Bethlehem geboren. Die schönsten Weihnachtsgedichte zum Aufsagen. Hrsg. von Ursula Wagner. Ill. von Silvia Christoph. Berlin: Ullstein, 1997. (1) – © Thomas Roth, München. – E. R.: Sämtliche Werke. Bd. 1: Heitere Verse 1. München: Hanser, 1977. (2) – © Thomas Roth, München.

GINA RUCK-PAUQUÈT   (geb. 1931)

86   Von drauß', vom Walde komm ich her. Die schönsten Weihnachtsgeschichten. Hrsg. von Kerstin Kipker. Würzburg: Arena, 1997. – Mit Genehmigung von Gina Ruck-Pauquèt, Bad Tölz.

TRAUGOTT SCHÄCHTELE   (geb. 1957)

187   T. Sch.: Von Weihnachten berührt. Lichtvolle Geschichten und Gedanken. Hrsg. von Angelika Büchelin. Eschbach: Verlag am Eschbach, 2005. – Mit Genehmigung von Traugott Schächtele, Freiburg im Breisgau.

URSEL SCHEFFLER (geb. 1938)

70   U. Sch.: Adventskalendergeschichten. Freiburg i. Br.: Herder, 1991.
– © KeRLE im Verlag Herder, Freiburg im Breisgau, 9. Gesamtauflage
2001.

FRIEDRICH SCHILLER (1759–1805)

46   F. Sch.: Sämtliche Werke. Auf Grund der Originaldrucke hrsg. von
Gerhard Fricke und Herbert G. Göpfert in Verb. mit Herbert Stuben-
rauch. Bd. 1: Gedichte 1789–1805. München: Hanser, 1962.

THORALF SCHIRMER (geb. 1965)

201   Weihnachtsgeschichten am Kamin. Bd. 16. Hrsg. von U. Richter.
Reinbek b. Hamburg: Rowohlt Taschenbuch Verlag, 2001. – Copyright
© 2001 by Rowohlt Taschenbuch Verlag GmbH, Reinbek bei Ham-
burg.

WERNER SCHNEYDER (geb. 1937)

92   W. Sch.: Schlafen Sie gut, Herr Tucholsky! und andere Bühnenlie-
der. München: Kindler, 1983. – Mit Genehmigung von Werner Schney-
der, Wien.

KARL SCHÖLLY (1902–87)

123   K. Sch.: Gedichte. Eine Auswahl. St. Gallen: Tschudy, 1963.

EDITH SCHREIBER-WICKE (geb. 1943)

177   Zu Bethlehem geboren. Die schönsten Weihnachtsgedichte zum
Aufsagen. Hrsg. von Ursula Wagner. Ill. von Silvia Christoph. Berlin:
Ullstein, 1997. – Mit Genehmigung von Edith Schreiber-Wicke,
Grundlsee.

KLAUS PETER SCHREINER (geb. 1930)

200   Mein Weihnachten. 40 Ansichten zu einer un-heiligen Jahreszeit.
Hrsg. von Brigitta Rambeck. München: Deutscher Taschenbuch Verlag,
2000. – Mit Genehmigung von Klaus Peter Schreiner, München.

PETER SCHÜTT (geb. 1939)

140   Heilige Nacht. Heiliger Tag. Hrsg. von Martin Scharpe. Stuttgart:
Radius, 2001. – Mit Genehmigung von Peter Schütt, Hamburg.

HEINRICH SEIDEL (1842–1906)

79   H. S.: Gesammelte Schriften. Bd. 11. Leipzig: Liebeskind, 1894.

TOBIAS SEITZ   (geb. 1976)

63   Junge Lyrik. 50 Dichterinnen und Dichter (Jahrgänge 1968–1978). Melsbach: Werhand, 1999. – © 1999 Martin Werhand Verlag, Melsbach.

ALBERT SERGEL   (1876–1946)

53, 69   A. S.: Dideldumdei. Verse für die Kleinen. Reutlingen: Enßlin & Laiblin, 1927. (1) – A. S.: Weihnachtsgedichte. Hrsg. von Werner Wolf. Berlin/Leipzig: Hillger, 1930. (2)

JU SOBING   (geb. 1944)

136   Von Weihnachten berührt. Lichtvolle Geschichten und Gedanken. Hrsg. von Angelika Büchelin. Eschbach: Verlag am Eschbach, 2005. – Mit Genehmigung von Ju Sobing, Radebeul.

WLADIMIR SOLOWJEW   (1853–1900)

138   Solowjews Leben in Briefen und Gedichten. Hrsg. von Ludolf Müller und Irmgard Wille. München: Wewel, 1979. – © 1979 Sankt Ulrich Verlag, Augsburg.

FRIEDRICH SPEE   (d. i. F. S. von Langenfeld; 1591–1635)

127   F. S.: Trvtz-Nachtigal. Krit. Ausg. nach der Trierer Handschrift. Hrsg. von Theo G. M. van Oorschot. Stuttgart: Reclam, 1985. (Reclams Universal-Bibliothek. 2596.)

THEODOR STORM   (1817–88)

22, 56, 190, 206   Th. St.: Sämtliche Werke in vier Bänden. Hrsg. von Peter Goldammer. Bd. 1. Berlin/Weimar: Aufbau, 1982. (1, 2) – Th. St.: Gedichte. Auswahl. Hrsg. von Gunter Grimm. Stuttgart: Reclam, 1978 [u. ö.]. (Reclams Universal-Bibliothek. 6080.) (3, 4)

WILHELM SZABO   (1901–86)

111   Stillere Nacht. Weihnachtserzählungen und -gedichte österreichischer Autoren. Steyr: Ennsthaler, 1962. – © 1962 Ennsthaler Verlag, Steyr.

LUDWIG THOMA   (1867–1921)

115   L. Th.: Gesammelte Werke. Bd. 8. München: Piper, 1956.

LUDWIG TIECK   (1773–1853)

161   L. T.: Werke. Gedichte. Dritter Teil. Dresden: P. G. Hilscher, 1823.

UWE TIMM (geb. 1940)

36 Horch, was kommt von draußen rein ... Hrsg. von Brigitta Rambeck. Mit Zeichnungen von Johannes Mayrhofer. München: Deutscher Taschenbuch Verlag, 2006. – Mit Genehmigung von Uwe Timm, München.

KURT TUCHOLSKY (1890–1934)

193 K. T.: Gesammelte Werke in zehn Bänden. Bd. 1. Reinbek b. Hamburg: Rowohlt, 1960.

ROBERT WALSER (1878–1956)

175 R. W.: Das Gesamtwerk. Bd. 7. Frankfurt a. M.: Suhrkamp, 1978. – © 1978 Suhrkamp Verlag, Frankfurt am Main / Zürich. Mit Genehmigung der Inhaberin der Rechte, der Carl Seelig-Stiftung, Zürich.

KONSTANTIN WECKER (geb. 1947)

95 K. W.: Schon Schweigen ist Betrug. Heidelberg: Palmyra, 1994. [Text und Musik: Konstantin Wecker.] – © 1988 Edition Wecker des Fanfare Musikverlags, München.

URS WIDMER (geb. 1938)

108 Mein Weihnachten. Hrsg. von Brigitta Rambeck. München: Deutscher Taschenbuch Verlag, 2000. – © Urs Widmer, Zürich.

ERNST WIECHERT (1887–1950)

162 E. W.: Sämtliche Werke. München [u. a.]: Desch, 1957. – © Gesamtwerk by LangenMüller in der F. A. Herbig Verlagsbuchhandlung GmbH, München. Erstausgabe im Verlag Kurt Desch, München.

RUDOLF OTTO WIEMER (1905–98)

38, 139 R. O. W.: Ernstfall. Kiel: J. F. Steinkopf, 1963. (1) – © J. F. Steinkopf GmbH, Kiel. – Jetzt und Hier. Biblische Spielstücke. Bd. 20. Weinheim a. d. Bergstr.: Deutscher Laienspielverlag, [o. J.]. (2) – © 1994 Deutscher Theaterverlag, Weinheim.

URSULA WÖLFEL (geb. 1922)

153 Wunder Welt. 4. Schuljahr. Düsseldorf: Pädagogischer Verlag Schwann, 1968. – © 1968 Cornelsen Verlag, Berlin.

EVA ZELLER  (geb. 1923)

107  Originalbeitrag. – Mit Genehmigung von Eva Zeller, Berlin.

CARL ZUCKMAYER  (1896–1977)

24, 206  C. Z.: Gesammelte Werke. Bd. 1. Frankfurt a. M.: S. Fischer, 1960. (1) – © 1960 Carl Zuckmayer. Abdruck mit Genehmigung der S. Fischer Verlag GmbH, Frankfurt am Main. – C. Z.: Gedichte. Frankfurt a. M.: S. Fischer, 1977. (2) – © 1977 S. Fischer Verlag GmbH, Frankfurt am Main.

Der Verlag Philipp Reclam jun. dankt für die Nachdruckgenehmigung den Rechteinhabern, die durch den Quellennachweis und einen folgenden Genehmigungs- oder Copyrightvermerk bezeichnet sind. In einigen Fällen waren die Rechteinhaber nicht festzustellen. Hier ist der Verlag bereit, nach Anforderung rechtmäßige Ansprüche abzugelten.

# Gedichtüberschriften und -anfänge